干法 1

优秀人才的基本素质

黄鸣　著

東方出版社

图书在版编目（CIP）数据

干法.1/黄鸣 著.—北京：东方出版社，2009
ISBN 978-7-5060-3699-3

Ⅰ.干… Ⅱ.黄… Ⅲ.企业管理—人才学 Ⅳ.F272.92

中国版本图书馆 CIP 数据核字（2009）第 199743 号

干法 1

作　　者：黄　鸣
责任编辑：姬　利　杨英瑜
出　　版：东方出版社
发　　行：东方出版社　东方音像电子出版社
地　　址：北京市东城区朝阳门内大街 166 号
邮政编码：100706
印　　刷：北京智力达印刷有限公司
版　　次：2009 年 11 月第 1 版
印　　次：2009 年 11 月第 1 次印刷
开　　本：787 毫米×1092 毫米　1/32
印　　张：5.875
字　　数：70 千字
书　　号：ISBN 978-7-5060-3699-3
定　　价：24.00 元
发行电话：（010）65257256　65245857　65276861
团购电话：（010）65230553

目录

第一讲

知行合一：企业的人才的基本要求

懂得自我判断，发现自己的真正价值

学会融会贯通，在不同的岗位发挥特长

能做好小事情，眼高手低的人不受欢迎

设计自己的人生，把梦想和现实相加

懂得自我判断，发现自己的真正价值

个人在创业集体中成长，首要的问题是问自己：企业需要什么样的人才？我认为，第一要品德优秀；第二要适应性强；第三要务实；第四要有判断力；第五要能不断学习；第六要专注执著；第七要有解决问题的能力。

判断力很重要。要准确地对自己的位置和事物的本质进行判断。首先是对自己和环境的判断，很多同学对自己判断不准确。部分同学会对自己评判过高，这样会闹笑话，而且不能适应社会。大部分同学都是对自己的重要性评估过低，这一点是我们整个社会缺乏自信心的表现。我觉得我们这个社会进入了一个误区，尤其表现在考大学的时候找什么样的人做我们的顾问，我们往往找中学老师、校长，从来没有找过社会上的用人单位。实际上在市场经济条件下，学校是“人才制造商”，学生是“商品”，谁是购买者呢？是用人单位，是企业。谁最有权力要求产品的品质、水准？当然是购买者。从这个意义上说企业是消费者，可从来没有人问过我们需要什么样的人才。没有一个学校来找我们大企业，他们在闭门育人。我们大家在选择专业、选择事业的人生道路上，很少经过正确的指导，这个社会确实存在非常大的问题，把所有的包袱都压给了企业，所以学生毕业后人才的导向、人才的培养成了大问题。人才流动不是一件坏事，但是盲目地流动、很高的人才流动率就有问题了。如果同学自己有一定的导向性，发现这个企业不适合他，他很快就走，但是现在很多人为这种转型要付出很大的时间代价。大家知道，我们每个人人生当中最辉煌、最有价值的时期是我们读大学和毕业以后的这几年，这几年就把人生道路确定了。你经过几年撂荒，几年跳跃、浮躁，再说我已找准人生道路了、已确立人生方向了，那时也已经晚了，不仅仅晚了几年时间，你人生中最有潜力的时光已经没有了。所以我们国家现在荒废了大量的人才，当然考大学选择学校、选择专业时没有正确的指导也是一个原因。人才讲究的是一种适用性，我现在非常热衷于到大学讲课，就是讲企业需要什么样的人才，以一个消费者的心理来讲，告诉大家除了环境的影响，我们每个人要有很强的独立判断能力。

学会融会贯通，在不同的岗位发挥特长

从专业方面讲，企业人才应该是多面和多元的。现在我们很多同志在学校里学的是计算机、外语专业，毕业以后发现很难找到自己的位置。实际上计算机、外语对大多数人来讲是一种工具，真正地能够在外语、计算机的教学、研究方面取得成就的很少，在我们内陆地区大概非常少，首先是因为缺乏这种环境，更重要的原因是它只是一种工具。如果把这个专业限制到这么一个小圈子内那就出问题了。举个例子：学外语的当翻译，如果做技术翻译的不懂技术，那很多的意思就会译错了。如果你给国家领导人当翻译对国际形势不了解那更不行。

我们的工会主席给我推荐了一个人才，说是会计，40多岁，也拿到了国家会计证书。我跟他谈的时候他说现在

不是专业的会计，他原来是学机械的，搞了六七年的技术、工艺工作。后来又到野外队工作时那里没有会计，乱点鸳鸯谱就叫他当了会计，从此他就开始自学考本子，最终考到了，所以现在来应聘会计岗位。我告诉他，会计我不让你干，因为你确实不是科班出身，到这个年龄可能干不过科班出身的他们。可他说我干本行也不行啊，丢了五六年了。然后我说你不干本行也不干会计，让你做售后服务主管。大家知道售后服务也是技术性很强的工作，也有很大的一个财务问题，因为很多售后服务的配件一年就几百万、上千万，很复杂，随机性又强，领导出去以后就得能算账，因为客户要求的是非常迅速的反应，财务问题不可避免。现在他已经工作了，各方面反映都很好，他自己也感觉很合适。实际上现在很多人才是综合型人才，就我本人来说，现在也说不上是什么专业的，我搞过科研，对技术、生产、设备、研发、营销等又得学又得通。再举个例子，皇明要和世界顶级专家“零距离”，这个“零距离”如果用翻译、通过几个助手，人家跟你“零距离”不了。我们跟他们“零距离”，必须要讨论家庭、政治、社会、艺术、宗教等问题，要形成一种共同的感觉、共同的追求，这样他才愿意把所有的东西交给你。你必须有这种沟通能力，如果你仅仅是外语专业的，我相信这种沟通能力是不行的，至少达不到心灵的深层次交流。

管理和营销专业的，我确确实实不太喜欢这样的人来做管理和营销工作，学管理和营销的听到了别沮丧。因为在中国尤其是太阳能这个产业当中，产品问题完全是产品设备、技术等方面的问题。我们要天天创新，每天都在推翻前一天的东西，从最早的小作坊到现在的现代化企业，在生产、管理等各个方面我们几乎是天天在变革。我们的领导人不会守摊子、维护旧东西，而是不断创新、改变。常常刚创新成功了，马上琢磨着否决枪毙。这种对方向、成果的评估和督导当然自己不可能事无巨细什么都懂，但你必须明白，必须有一个高标准。这时候你的管理如果不涉及技术，不涉及非常细节的东西，光一个管理理念是解决不了问题的。我们管理层中有一些人的失败不是因为管理水平、管理理念缺乏，而是因为他对这个产业了解不够，“隔行如隔山”嘛。

营销有很多理论，但它最核心的东西就是怎么样去了解消费者。怎么样也别丢掉那个 Commonsense（常识），往往学的东西越多，常识的东西丢得越彻底。你营销的主体是什么？主体是关于消费者的解决方案，是要给消费者一个解决方案。我们的热水器现在放在这儿是半成品，到了老百姓家里，他要的是一个通过安全的、可靠的、节能的、稳定的、全自动的方式提供的热水。那么要达到这一点，你作为营销人员必须要知晓顾客的要求，然后给他们设计，在推销当中必须有适应其个性化的销售方案。个性化的销售不是说针对企业要求提供各种各样的解决方案，而是我们营销人员在终端时就给客户提供更多的选择。这种选择不仅是你的知识、你的设计的再创造，还必须用这种再创造的能力来进行培训，培训你的经销商。所谓的营销专业这么窄的一个知识范围要完成这些任务是根本不行的，往往很多搞技术的、搞工民建的、搞暖通的人自己学营销专业、营销知识，工作起来会得心应手、如鱼得水。社会、工作经历、市场就是一个大课堂，就是一所大学，某种程度上是一个锻炼人才的大熔炉。

能做好小事情，眼高手低的人不受欢迎

我们国家教育的最大失败之处就是教育出来的学生眼高手低。外国人教育孩子从小就参与竞争，从小就学会独立。大人培养孩子的时候，让他独自面对一些困境，拿一些东西自己动手去拆啊、装啊，大人不管他。走路摔倒了，大人不扶他，让他自己站起来。但是我们中国的家长生怕孩子摔倒了，生怕孩子受委屈，尤其是独生子女。外国的中学、大学都特别强调动手能力，特别强调要自己解决问题，强调 18 岁以后要独立，自己挣钱养活自己。有些人可能在大学五六年级才修够学分——读够我们四年的课程，可他们多了两年以上的社会经验，实际上比我们更早地接触社会，走向社会以后能够马上进入状态。而我国的学生，也许缺这两年的课程一辈子都补不上。

我非常幸运的是在“文化大革命”时上学，那时候上小学、中学，要和现在比知识学得广、学得深、学得牢肯定不行，但有一条学农学工就让我们很受益了。我家里不缺钱，但我父亲把我赶到社会上去做临时工，一天2角5分去掘沟、推沙子，背上晒破了一层皮，手上也血糊糊的，当时我恨他，但很无奈，很老实，他让干什么就干什么。我在上大学之前干了三年活，确确实实不仅是对吃苦了解深，更学会了很多的技能。然后父亲又鼓励我搞无线电，自己拆装、维修电器。我实习时，又在井队做了一年的工人，但我爱学习，爱用脑工作，我敢说当时我是一个非常出色的技工。而且在实习过程中学会了怎样从实践中总结出更加有用的东西，这些对我以后的工作包括现在都是一笔巨大的财富。我做事的成功之处有两点：第一，特别耐得住寂寞；第二，特别耐不住寂寞。这两点是一致的，我们在最寂寞、最痛苦、最无助的时候所坚持的，将是我们最珍贵的财富。现在是和平年代，没有社会动荡，没有太多的心灵冲击和磨砺，所以要珍惜每一次苦难，珍惜每一次挫折。确确实实我们要做成事情，必须有一定的实践能力，包括动手能力、吃苦能力和独立能力。

命运可能让你10年或20年不出头，那时你就该相信自己的理性。任何时候，身边必须有一本书，任何时候脑子里都要装着东西。所以既要同别人一样，又要同别人不一样。一样时我非常平静，一点也不孤傲。一定不要硬充深沉，这对人生成长是极其不利的。你心底的孤傲可以埋藏很久很久，你可以一生孤傲，真正的英雄是非常孤独的，一生孤独，但真正的英雄又非常平凡。我们很多的失败，很多的贫困潦倒，就是眼太高而手却太低了。因此，你可以保持眼高，但是手里也要能做事，这是取得成功的关键。唯有此，你才能撑起一份孤独，甚至做一个孤傲的贵族。我们现在没有一个真正意义上的贵族，我们的国家，我们的民族太缺贵族气了。当然我说的这种贵族是指精神贵族，过去封建王朝的贵族不提了，现在要在我们这批人中产生一些贵族，贵族要承担起民族、未来、家庭的一切责任，贵族要志存高远而又脚踏实地。

设计自己的人生，把梦想和现实相加

每个人都有自己的梦想，梦想组成了绚丽的人生，这是青春的一部分，人生的一部分，对一个有精神追求的人来说这是永远割舍不开的。而一旦要设计自己的人生时，既要现实又要勇敢、自信，既要把自己期望得更高些，又不要有太多的空想，一定要直面自己，进行远大而科学的成长路径设计。这条路径跟自己的兴趣、性格有直接关系。再伟大的人也不可能冰冷地说：上帝叫我来，就是要我拯救人类的。如果有谁这么说了，这个人肯定是希特勒。上帝派我来，派我这个活生生的人来，我有梦想、有乐趣，当乐趣、梦想与社会同步同方向时就是幸运的，将来也有可能成功。最开始，大家都要有一个目标，这个目标肯定是“兴趣＋现实”结合在一起的东西。也许未来不是这样，但每个阶段都有一个目标。我们过去的素养，过去的知识都会对你的事业有某种程度上的影响。

大家明确了个人生存的意义，确定了人生的终极目标后，还需要进一步分解目标、修正目标，这样一个系统的成功生涯就规划出来了，就明了了。设计出了理论上的、能具体描述出的人生，那么你在行动上也就有了目的和方向。

第二讲

好习惯：优秀人才的基本素质

让学习成为一种生活习惯

爱抱怨的人是无能的

主动寻找干活的理由

优秀的人才从来不悲观

坚持是一种可贵的品质

让学习成为一种生活习惯

前段时间，我在好几个场合讲过学外语的故事，以后我还要反复地讲，很多人都在学外语，但大多数人都没成功，因为他们觉得太难了，太漫长了，我认为不是太难，是目标太高了。每个人学外语的标准都是熟练地读，流利地讲，顺畅地写。我问过一个员工：你认为学外语最根本的目的是什么？他说学外语能使人上升一个层次。我觉得这是关于学外语我所听到的最高境界。我学外语，当时根本没想到要做一个不同的人，我当时就是想出国，我当时为了学外语弄得满世界都知道，走路、排队买饭、吃饭等等任何场合都学，那个单词本都磨成圆的了，角都没有了。单位有个电视，我就霸着它，老早就去等着它，当时天天去。可是等我快要出国了，能够出国了，我又迷上了太阳能。结果呢，我问：出国能不能干太阳能？人家说不能，我就不出国了。但我不出国了，是不是不学外语了呢？还是照样学，形成习惯了。实际上，我想想还不是习惯的问题，是人类的天性。

我的女儿在我开人代会之前的一天突然问我："爸爸，你要出国啊？"我说："没有啊。"我女儿就问："那你怎么天天背单词，天天看英语新闻啊？"我就借这个机会教育她，我说："小雪啊，这个学习不是光为了上大学，不是光为了找个工作挣钱，学习是人的第一需要。人和动物的最大区别就是人有求知欲，人要学习，人每天跟前一天就不一样。爸爸现在学，主要是原来爸爸有 10 000 个单词现在只剩下六七千了，学习是每天要比头一天强，爸爸背几个单词，我多熟练一点，我就能提高一些，就会觉得很满足，觉得这一天没白过，我是一个新人。"

实际上人只要每时每刻想着丰富自己，要跟昨天不同，那就不仅仅能成大业，而且每天都很高兴。我们如果天天看着最后的目标，那最后的目标是什么？最终的目标就是死亡，那人生的意义就没有了，尤其是你设计的目标很多，你又达不到的时候，像学外语，多数人会半途而废，是因为什么？都是因为觉得山太高了，我们翻不过去。但是我天天看这个山，我爬半年，爬一年，爬两年还爬不过去。那么我把业余时间都利用起来，保证我能真正学会学好它，能够掌握它，真正用起来，那十年之后呢？昨天能说一句话，今天能说两句话，就行了，我今天为多说一句话而满足，离我最终的目标更近一步，我就满足了。第二天还是这样，周而复始。人不是圣人，但人能找到成为圣人的办法。我们大家在一起干工作，为什么很多人干一段工作就开始烦了，天天重复同一个工作，再加上远大的目标老是不接近，没有不烦的。当你把目标分解成每天的一点点，分解成每天我干一件过去重复的事情，但我今天比昨天干得更好一点，我多明白一个真理，我多学了一点东西，那我就在不断成长。哪怕我今天碰到了一个挫折都是我的成就，我的造化，这时候就没问题了，就平和了，成功的鲜花就会离你越来越近。对不对？

爱抱怨的人是无能的

我们开会的时候经常碰到一些人或一些主管，先是列了一堆困难，一堆问题，列完之后他把自己给吓住了，在追求根源时问他为什么这样，有人说这是习惯，我承认这是习惯，但实质上这是懒惰，是无能。一开始他就找理由，他碰到什么事情，先找一堆理由，先找一堆困难，然后很简单，再往下做不成了，开始替自己辩解，结果是开始抱怨，抱怨制度问题、资源问题、上级不支持、广告费不到位、培训不够、有些部门不配合……别说我们这个企业，就是你到 GE、微软，也会碰到很多问题，甚至是更难解决的问题，那到时你怎么解决？抱怨得多，不是因为希望有人来解决，就是为自己找理由、顾自己的脸面，而且抱怨多了后，周围的人允许他抱怨，没人指责他，没人反驳他，谎言千遍成真理，所以他觉得我说的对啊，最后反倒理直气壮，义正词严。

这种人的个性形成，可能跟父母对他从小的教育有关，小孩子的心理挺有意思，父母一旦有什么事责怪他，比如为什么学习这么差？为什么不回来吃饭？他会编一堆理由，讲多了以后会把自己说的谎话都当真。但事实上，错的就是错的，不能让他反复解释，你惯着他，不指责他，不揭露他，他就会越来越退步。因此在团队里不允许抱怨，不允许找理由，谁要找理由一定要揭穿他，因为尽管他找的那些理由都存在，但是却会因此忘掉能够干的理由，数一二三先数问题、阻碍，肯定没用，到四就干不成了，就完全丧失信心，没有干的劲头了；如果数一二三四都是优点，那么你就会忘了你的阻力，因为很多事情就是这样，困难、机会、优势、劣势都是并存的，下雪不出门你可以找理由，下雪出门你也可以找理由，其实有一条理由就够了，出门去回归童年的童真。

现在，很多人败就败在心理上，很多人抱怨、找理由就是最大的问题，实际上这恰恰反映了抱怨者的无能，没有能力解决问题，又不想承认自己无能，就把事情推托在他人身上，形成了种种不悦耳的抱怨声音。

主动寻找干活的理由

我们企业文化当中有一条是“大胆设想，小心求证”，这句话倒过来行不行？大实后再大虚？不行。小心求证，再大胆设想，不可能。为什么？很多人碰到一件事情先想了那么多不足，尽管他看得很清楚、很客观、很准，却会减少行动的理由。比如说今天下雨路滑，出去交通事故多，讲了三条后，这个人就待在家里了，不会出门锻炼了，不会出门办事了；明天下雪了，也同样。但反过来就不一样了，今天的事情很重要，比如串门，今天如果我不去，明天这关系全断了，下雨大，注意点就行了。然后就给自己找理由出去了，一个不出门一个出门，效果截然不同。

我讲一个半杯水的故事：沙漠里有两个人，分别只剩半杯水，大实的人怎么样，还有这半杯水，想走出这沙漠几乎是不可能的，他不行动；反过来另一个有半杯水的人是乐观主义者，大虚，他会想好歹还有这半杯水，只要努力，就有可能走出去，只要有 1% 的可能也去做，他先给自己找一个干的理由，行动的理由，走出去的理由，然后他就会仔细安排这半杯水，多长的路喝多少水。他再调动所有的资源、信息、知识，寻找北斗星在哪儿，想我原来是从哪儿过来的，哪个方向最有可能找到绿洲，哪个方向最有可能走出沙漠，把所有的东西都调动起来，然后走出沙漠。一开始是大虚，后来就是大实，他有了信心，他有了干的理由，他就开始一点点去做，最后成功了。

我们一直讲创新，创新最基本的因素是乐观，没有乐观就不可能创新。比如大家一谈到招商，就会想到有很多困难，困难是什么？困难就困难在自己的思想上，一讲到有意向的、没意向的，就会说有意向的招，没意向的不招，但是往往有意向的少，没意向的多，最后我们全困死在所谓有意向上了。

其实客户从没意向变得有意向是谁的作用啊，是你的作用，如果他原来有意向，你就没作用，其实很多人就否定了自己的价值和作用，就在沙漠里不自求，就等着哪天直升机来了，或者救生队来了，这种概率是很小的，而且这也不是有价值的人、能成功的人的思路。完全靠别人，等一辈子也是穷困潦倒，这次有运气下次就没运气。而恰恰是那些没有意向的能力、实力可能强得多。过去我们对经销商做了大量工作，他们很大一部分是做杂牌子的，结果终端、品牌、广告、活动问题一大堆，根本就改造不了。而那些做五大电梯、空调、卫浴、工程的经销商，他们做的工作却很简单，我们做的品牌、服务、高端、形象、利润空间他们都具备，而且他们还具有我们日思夜想、梦寐以求的技术人才、业务关系、管理体系、品牌运作经验、经济实力等。我们往往就因思想的束缚，在有意向和没意向间划了一行线，栓了一个枷锁，把自己栓了多少年。但是招商仅仅是开始，很多人思想还是没解放。思想解放的基础就是乐观主义——乐观、积极、自信和自动自发。

再比如，在某某城市我们原来只有一个工程经销商，还做的乱七八糟，最后售后服务全砸在我们身上，他根本不是我们的人，和我们不是一条路，他只想着赚一笔钱就走，我们还死抱着不放。后来我们有一主管到了那里一调查，格力的工程商有 88 个，美的的有 100 多个，我们就一个还这么乱。所以这样一调查，解决问题变得很简单了，光工程商这一块，人家销量比我们多几十倍不是正常的吗？找到突破点，然后解决问题不就很容易了吗？我们把自己全禁锢住了，找的是不干的理由，不变的理由，不创新的理由，现在我们换一下思维，自觉去找干的理由，找存活的理由，找发展的理由，就会有一万个机会，就会迎来海阔天空。

优秀的人才从来不悲观

成功和失败的差别，就在于你怎么解释这个世界，怎么解释人生，怎么解释发生的事情。有句话说："快乐也是一天，不快乐也是一天，为什么不让自己快乐呢?"这都是非常积极的人生态度，同样的东西，不同的解释导致心态相异。能让自己快乐的解释也是解释，让自己悲哀的解释也是解释，为什么不让自己快乐一些呢？仅快乐还不够，还要让快乐持久。今天快乐会让你明天更快乐，你明天快乐会让你一生快乐。今天的悲观会导致你今天悲观，明天会更悲观，为什么？你一悲观就不做事，不做事事情就会更糟，更糟就更悲观，造成恶性循环。大家想想你愿意自己的一生良性循环还是恶性循环？所有人的事业也罢，家庭也罢，财富也罢，个人环境也罢，就是这两个方向，一开始大实的人肯定会恶性循环，一开始大虚的人肯定会良性循环。大家说你光大虚不行啊，对，光大虚不行，你想明天大虚，后天也大虚，你总得有大实才能大虚，要不你撑不住，你早晚被关到大实上去。所以大虚是个大框架，大实是基础，扎扎实实去做，就很简单，如果没有城市规划师、道路规划师这种大虚的构架、设计、理想、梦想，就不可能有后来施工队伍一米一米铺的高速公路。但反过来，让工程部门去大实，你先铺路，现在我们大虚不了，铺到哪儿算哪儿，那是不行的，铺几米那人就该傻眼了，往哪儿铺啊，谁买单啊。

大家说为什么一开始我是大虚的，但后来却变悲观了？让我们回归一个幸福公式（幸福指数），很多人可能都看到过，幸福公式是一个分式，分子是现实，分母是期望，期望值越大，现实值越小，幸福指数就越低，但反过来，你调整了你的期望值，但又不放弃对期望理想的奋斗，你的幸福指数就高了。期望是一种暂时的欲望，每天都可以调解，梦想、理想却是远大的，比如说你的梦想或理想是到珠穆朗玛峰峰顶，你在山底下爬山，你老把顶峰当做期望，但是你是没有能力上去的，这对你是一种打击，聪明的人会把自己的期望值定得低一点，有可能是前面几十米的一块岩石或十米之外的一棵树，这样就很容易上去，实际上这跟目标分解有关系。所以现在我们不能高期望，尤其是现在竞争这么激烈，做事情这么难，竞争对手这么多。

世间的事情就是这样，不付出就没有回报，但梦想它遥远啊，一点点的积累就能成就你的未来。

对于直接的工程客户，我们过去是等信息，还要等有意向的，没有意向的都不敢碰、不敢想，这个又是一个1∶100，甚至是1∶1 000的关系，鸡肋和金矿的关系。有信息的、有意向的他们是什么情况？谁让他有意向？他不能凭空有意向啊，人家已经先入为主了，无论是标准、前期工作、关系都到了，而你只是个陪衬，即便你拿下来也只是个最低的价位，要赔钱做，所以我们的工程只能是这样，尽管是这样，我们绝大多数的人还是在想意向、信息。可是我们的销售副总提出，在想买锅炉的有多少？已经装了承担不起这个费用的有多少？煤锅炉罚款要停止的有多少？原来是三环，后来是五环，后来整个北京都不能烧了，有多少？几十万个单位、学校、宾馆、医院、机关、工厂、公司，还有家庭、别墅、小区，太多了。北京城里真正要搞太阳能工程的我们不知道，很多想买锅炉的人，你要直截了当地告诉他我们不仅有太阳能热水系统，还有太阳能锅炉。他原来根本不知道，这时候怎么样啊，你先入为主，即便这时候他犹豫，货比三家，他也是以你的标准来衡量，这是多大的市场啊，1∶1 000，1∶10 000，1∶100 000。所以大家说我们的思想有多远世界就有多大！把自己的思想先束缚，你就永远出不了头，永远困在自己的小世界，永远没有用武之地；你把思想一解放，打开思想限制的枷锁，会发现天地宽着呢，哪有什么竞争？这就是说你被思想限制住了，别人也被思想限制住了，你解放思想，你的天地宽了，他的天地还这么窄，你怎么会竞争不过呢？所以这是大势所趋，给自己找个理由，然后大胆设想，树立信心，设定目标，很简单吧？去做吧！但要记住一定要扎扎实实地做。

坚持是一种可贵的品质

由国家知识产权局主办的，新华社、经济日报、光明日报等媒体参加的“关注企业明天，自主知识产权化”访谈节目中，我作为嘉宾和海信集团技术副总裁郭庆存先生一起交流。在谈到“企业要想获得坚实的自主知识产权，保证企业光明的前途”时，郭总和我有一个共识：那就是练好基本功，扎扎实实一步一个脚印地积累，这是任何企业成长发展的必由之路。

节目过后在和记者们闲聊的过程中，大家又都深有感触地讲到：做人和做企业一样，一个人无论有多笨，只要认认真真、踏踏实实地努力向上，也能笨鸟先飞早入林，而那些自认为甚至公认为聪明灵气的人却大都因心眼儿太活，精力太分散反而总长久不了。当时我灵机一动，冒出一句“笨鸟先飞灵鸟乱飞”来，大家都极为认可。

生活中我还真遇到过不少这样的例子。记得上初中时，我们班上 50 多个人，前一两名经常被我和另一个同学包了。可让我心里不舒服的是，我要拿出吃奶的劲才能得第一，为此常全力以赴、不敢有任何懈怠地学习，而我的竞争对手则优哉游哉，从来都是玩着就轻轻松松地拿了第一二名。表面上我俩谁也不服谁，实际上我心里把他佩服得五体投地。可到后来我很纳闷地发现了一个规律，凡是在班里极其聪明的学生，长大后多数“江郎才尽”，淹没在芸芸众生中（当然包括我那位同学），很少能有成就一番事业的；而倒是那些在学校中智商不高，看上去挺木讷的“一根筋”学生，只知道傻干傻学的，到社会后有不少人成了才成了大器。

拿我近年的几个秘书来说吧，2004 年人力资源从新分来的实习大学生中挑了两个小伙子在我身边工作，其中一个机灵另一个木讷，过了几个月后，机灵的小伙子受不了秘书工作的枯燥乏味，急急地要求去了市场部，后又因市场多变他受不了辞了职；而那位看上去木讷的小伙子倒是在我身边扎扎实实、埋头苦干学到了不少知识，后去了市场部现已成了某市场分中心经理。他们两个打篮球也十分耐人寻味，前者个高健壮看似机灵，后者个矮瘦弱看似迟钝，但一上场比赛就完全不一样了。前者总是比后者慢半拍，他们一起抢篮板，十有七八后者能抢到，前者怕累怕撞反应迟缓，后者使尽全力不服输不怕累，无论是防守、进攻还是配合，后者都优于前者。比赛分组时大家都愿要后者，后来的结果更应了我的看法，打球好似做事，球场风格能体现工作作风。

记得皇明发展的初期，1998 年在华中区有两位新招的大学生，一个面相机灵精明，一个面相木讷迟钝，大家都对前者寄予很高的期望。但随着时间的推移，就发现前者虽然反应快能说会道，但业绩总是比不上不善言词的后者，他本人也越来越暴露出过多的浮躁气，虽然受到公司领导的多次批评和教育，但似乎是天性或是根深蒂固的习惯，一会儿想东一会儿想西，总无定性，知识、技能没有方向性的积累，工作效果没有稳定性，后来他本人也对所从事的工作失去了信心，最终上上下下都对其失去了耐性，机灵者被淘汰了。听说到现在工作也无甚起色，而后者现在已成为公司重要部门的部长。

在与许多企业老总和行政官员交流的过程中，大家都感叹这种现象的普遍性，实际上这种现象存在的道理很简单：

无论是个人成长还是企业发展，都是一个个定向知识技能、素养积累的过程，如登山，必须认准山顶的方向，一如既往地朝一个方向攀登，最后才能登上顶峰。而不能心猿意马，一会儿向北坡一会儿向南坡，一会要登这个峰，一会儿要爬那个顶，永远浅尝辄止，就不会有大作为、大成就。

另外那些心浮气躁的人，知道自己过去知识积累不够，一开始就向新单位领导和同事急于表现自己，显得活跃有能力。而真正想干事的人，他们明白一个道理，到一个新单位要想干一番事业，先要匍下身子去了解学习新知识，以便融入新环境，而不是在意别人一时的不了解，即便是短时间内不为人所知，有一段时间不为大家看好，但经过一段时间后便能被人知其耐力和能力。

其实，这两种人是极易被快速分辨的，即领导者不要过分重视他们，不要问他们过去会什么，知道什么，能干什么，而是现在他们要学什么，要干什么。快速诊断法是，当他们上班几天后，随意问几句对单位的现状的看法和应知应会的问题，便一目了然了。

最后，要说明的是，其实“笨鸟”并不真笨，只是显得笨，也就是古人常说的拙朴。而“灵鸟”不是真灵，在人生大事上完全没有灵性。孰优孰劣，不言而喻！

第三讲

好心态：非凡人生的重要基础

对所有的事情都一丝不苟

要学会看到他人的长处

尽职尽责是最好的学习方法

欣赏别人是为自己铺路

依赖别人是在否定自己

好的心态是人生重要的基础

对所有的事情都一丝不苟

为什么有的人与众不同？为什么有的人出类拔萃，为什么有的人卓越不凡？

多数人会认为是因为他们聪明有天分，善于把握机遇；他们读书勤奋，厚积而薄发；他们阅历丰富，能运筹帷幄；他们洞悉社会，明白事理等等不一而足。不错，这些的确成就了他们，但这并不能充分解释他们为什么能在有同样条件也同样出色的“名人”中也能如此的卓越不凡。我和国内著名经济学家周其仁老师一起参会而经历过的几件小事，让我明白了，到达一个高度后，为什么有人仅能小有所成，而有些人却能突破瓶颈成为真正令人尊敬的伟人或者大师。

周其仁先生在我国经济学界和管理学术界是闻名遐迩

的学者。我听过他的几次讲学，他对当前的经济发展和企业经营见解深刻、独到、实用，他的学术风格冷静而严谨，沉稳里透出豪情，并有令人叹为观止的预见性，真正大师级人物。但这些并不是让我印象最深的，最让我难忘的是在西安由《中国企业家》主办的2006中国企业成长论坛暨第六届中国企业“未来之星”颁奖典礼上，他听他人讲话时全神贯注的神情。

那次我有幸和周老师一起成为主题演讲的嘉宾。周老师演讲完后，我接着发言，刚讲不久，我就觉察到前排观众中有一人以我过去演讲中从未遇到过的神情，长久地注视着我，定睛一看竟是周老师，当时他给我的感觉是在关注、思索、研究……最让我暗暗称奇的是，这种神情长久的定力，长久到不转一次头，不眨一下眼睛。这是一种真正的倾听，他那种前倾着身体的姿态和全神贯注的表情至今令人难忘。令人不解的是，这样一位大师，竟然还以一种小学生的神情和心态来听课。当时我还沾沾自喜地以为是自己的演讲太精彩太独特了，以至于使周老师太感兴趣了。然而，当我后来注意到周老师对接下来的几位演讲者同样“倾神而听”时，我就嘲笑自己“自作多情”了。午餐和晚餐时间，会议组织者也许为了特意关照我，连续两次把我安排在周老师旁边，当然我不会放过这个机会向他请教许多问题。这个过程中，我再次领略到周老师与人交谈时一贯的专注和谦逊神情。

周老师专注的神情和谦逊的学习态度让我陷入了深深的思考，也解开了长久以来憋在我心中的疑问：这个世界上各行各业有许多“高手”，他们成功的道路和原因都容易为常人所知所解，但的确有少数大师级人物，他们的水平可以用卓越来描述，他们的业绩可以用伟大来形容，然而上看下看左看右看，他们的经历和常人无异，很难用常人的眼光去理解他们为什么如此卓尔不群？他们有些人乍一看甚至非常“普通”，周老师的极度专注和谦恭，让我突然悟出一个道理：学问和做人但凡到了一定的水平，再想超越着实困难，根源在于对那些小有成就者来说，经过过去艰苦的学习和努力，达到了一定的水平，取得了一些成绩，社会给予了一定的认可和肯定，媒体也增添了不少的赞扬，自己也不免沾沾自喜，这时就自然放松了学习，不再努力进取，过去的谦恭代之以自满，过去的苦苦求索代之以不求甚解或自以为是。

比如我，这几年别人都在不停地告诉我，你已经功成名就了，全国各大学、各论坛、各媒体都争相邀请你做演讲做报告、录制节目，俨然一个成功人士，心中那份自赏自傲之气不由而生，有不少认识我的人会为我找托词——取得了如此成绩有点骄傲也是人之常情，或为我打圆场，说并没有看到你趾高气扬待人无礼啊。但我自己知道，这些年我恰恰丢掉了过去那种虚怀若谷、谦逊认真、如饥似渴的学习态度，最显著的莫过于参加各种全国性会议和论坛，虽然在会前认真按照会议要求准备发言稿，会中的演讲和发言也力求效果最佳，但在不发言时就特别随便了，不但不认真听别人的演讲发言甚至还“干扰”别人听会，想想周老师何等的名望，尚能如此虚怀若谷，而我比起周老师来，真是一个天一个地，一想到这些我就顿觉汗颜。这也就明白了我为什么近来总有些腹中空空、黔驴技穷的感觉，盖因不学不问之故吧。

现代社会无论是商界还是学术界，都出现了信息知识爆炸、竞争饱和的状态，要想在众多竞争对手中脱颖而出，必须虚怀若谷，以一种极细致极认真极严谨的态度治学治商，才能在学术界成为大师，在商界成为“大亨”，才能有资格成为学术领袖、行业统领。自从与周老师邂逅后，我一改浮夸作风，每次参会都认真听讲，员工汇报工作无论其职位高低我也都侧耳倾听，博友评论无论赞扬还是批评都能以平常心待之。当这种心态摆正以后，我发现自己确实已上升到一种境界，不但是眼界的开阔，更是心境的平和。以上的故事和启发连周老师自己都不知道，他以自己的言行，为我上了一堂多么严谨、务实、实用的人生课。

要学会看到他人的长处

我女儿上中学时，有一段时间我发现她英语成绩退步了，问她原因，她讲她英语老师的发音不好，我就对她说："你是不是因为老师发音不好，不愿听她的课，就不学了？""嗯。"她点点头。对孩子来讲这种情绪是非常有害的。我就对她说："小雪啊，咱不能拿别人的错误来惩罚自己呀，因为她一点儿的不足，你可把你一年的英语都丢了。换个角度讲，你老师英语本科学了四年，又教了几年英语，无论是语法还是单词量等各方面要比你强百倍都不止，你承认吗？她还不够资格做你老师吗？人无完人，你爸爸妈妈的缺点与你老师发音不准那点不足相比，可能还要大得多，那你就看不起爸爸妈妈？"小雪通过这件事，对自己进行了反省，很快调整了情绪，英语随即有了进步。

这种情绪效应在我们的日常管理中也普遍存在，同级之间常因对个人的看法而配合不力，下级常常因为对上级的不满而“拒绝进步”。人非圣贤孰能无过？他人肯定会有这样或那样的错误，如果拿他们的不足影响自己的进步，拿别人的一点儿缺点来惩罚自己，带着情绪不服从命令不配合工作，甚至有反社会倾向，那就不是反某个人的简单问题了，而是反整个公司、反整个社会的问题了（有的人甚至为了发泄工作中的不满而犯罪）。其实想想工作上没有进步、能力没有精进而浪费光阴，该是多么大的损失？可是这样的事情在我们当中不算少数。如何公平地看待别人？应该用上级的眼光来看你的上级，应该用换位思考的方式来体谅他人，看他们如何对待自己的上级，看他们如何服务自己的上级？思考一下，如果你要是在对方的位置上你怎么做？

我认识政府部门的一位副局长，他对他的领导很不服气，认为领导没有能力，一到会上他就跟领导唱反调，工作上也一直与他的上级顶牛，这样下来他自己的工作上不去，还弄得各方面关系很紧张，职位也一直提不上去，整日牢骚满腹，怨天尤人，弄得工作生活两不顺。我与他相熟，知道这个情况后，我劝说他：不能拿他人的错误惩罚自己，你的上级没有能力是他的错，为什么用他的错来影响你的前途。另外也得从自己这方面想一想，领导的任命考虑的是综合能力，不仅仅是业务上的技能，还有思想工作、个人情商、组织的平衡能力、综合能力的协调等等，单位任命他当你的上级，总会有一定的道理，你只是看到了他个人能力不好的这个方面而忽略了他的长处。这个单位能良好运转就说明他有一定的业绩，为什么？你说不是领导的作用，我说这个领导什么作用都没有，但他能把有作用的人带动起来发挥起作用，这就是最大的作用！而你受到一点压力就有这么大的抵触情绪，不能团结大家共同工作，如果你是他的上级，你的业绩说不定还不如他，他听后很有感悟。

别人的错误和不足决不是自己不进取的理由，拿别人的错误来惩罚自己是很愚蠢的，许多原本很有才华很有抱负的人，都是因为这种自视清高或者自命不凡，不能正确处理与他人的关系而使自己郁郁不得志，徒浪费了光阴影响了自己才华的施展。多看到别人的优点，多从对方的角度思考问题，才能汲取到他人的优点，也才能更好地完善自己。

尽职尽责是最好的学习方法

生活和工作中，不少人认为多出力吃亏，多担责任倒霉，而到头来总是这些人郁郁不得志，甚至穷困潦倒，仍不知觉醒和反思，整天怨天尤人，至死不知个中缘由。

世上最大的恩，除父母的养育之恩外，还有一个大恩是“知遇之恩”，他人认可你欣赏你信任你，给你机会，让你参加诸多的社会实践，让你尽职尽责，为你创造了丰富的人生阅历，这些阅历这些经历都是人生难得的财富，是没法用金钱衡量的。士为知己者死，这种原动力使你主动地研究这些活动，要吸收更要创造，这本身就是一个很好的学习过程，人的能力就在这种不断创新的变化中有了质的提高。

但我们有很多人在很多时候，把自己的眼前利益摆在第一位，对额外的工作，多参加了的会议常有抱怨，认为自己多承担了额外的义务，占用了自己的个人学习和成长的时间和精力，从而尽量减少承担义务和尽职责的机会；还有的人参加公司的各项会议，因为不担任会议的主角，觉得自己在会议中可有可无，对会议下发的文件材料、组织的活动思想及流程不重视不投入，消极地应付会议，不尽参会的职责贡献自己的思想，久而久之这类人在公司的各项活动中形同虚设走向边缘化。在列席全国人大常委会时，我看到常委们对审议国家重大法规和决策时非常专注，他们多是退下来的部长、退休的院士和专家，虽年事已高但思想非常敏锐。我们多数人会认为人大常委会委员是一种虚职，但后来我发现常委会承担着审议各项国家法规和决策的重任。在看到他们审议各项法律，审议报告的时候，他们提出来的建议水平都非常高，我感觉人大常委会常委的水平比起我们这些人大代表来，就好似全国知名医生比之于省级医生。国家和人民之所以信任他们交给他们重任，不是因为他们过去在从事行政职务时的贡献多，而是他们始终如一地尽职尽责。从以上例子也可以看出：不承担社会和团体的责任，就失去了学习进步的机会，机会的积累将会是一种资格的沉淀。一旦你失去了一种资格，即使以后你再想接受挑战，再想尽一种义务，再想向外输出你的成果，已为时晚矣没有希望了。这也是为什么同是一个班级的同学一个单位的同事，10 年下来有人成长“上天”有人落伍“入地”的根本原因，所以尽责是最好的学习。

欣赏别人是为自己铺路

懂得欣赏别人，才能更多地发现别人的优点，才能从他们身上汲取提升自己的能量。学会发现别人优点的关键在于要有一颗公平之心，欣赏别人应该是真心的、不带偏见的。有一个词在国外使用频率非常高——“Congratulation”（祝贺），这个词很长，但是他们说得很熟练，他们家人之间、朋友之间、同事之间，因为一点小成绩、一点小进步就祝贺，为什么祝贺？因为他们能发现可祝贺的事情，他们眼中有美，他们眼中有对家人、朋友、同事的关爱。但是，我们多数人没有这种祝贺的意识，我们发现不了别人的美丽，发现不了他人的进步，发现不了他人的优点，尤其是竞争对手之间，甚至不是鱼死就是网破，非要把人家置于死地而后快。

由于竞争的原因，看到别人的成绩比自己强心里总是酸酸的，这是正常的心理反应，但一定要坦然面对，要学会应付这种无奈。因为你的成就对别人而言也是无奈的，这是最基本的常识。天生我才必有用，每个人都有独特的才能，你也有别人无法比拟的成就和特色，这就构成了无论自然界还是社会能相互共存的、微妙的平衡关系。反过来，你欣赏了别人，别人才会欣赏你，人们之间不是没有矛盾，人们之间也不是百分之百的和谐，这种和谐都是建立在相对基础上的。和谐与不和谐，竞争与共存是同在的。站得高一点讲，就是用中庸之道求得平衡，不偏不倚，在适度中求得生存谋得发展。

人与人之间是存在着竞争关系的，但我们要看到更多的是合作关系。尤其是处在一个集体内考虑问题，其他人的优点总体上来讲，对集体是大有裨益的，对其他人包括当事人也是有益处的。人们之间的竞争远没有那么凶险和惨烈，别人的上进对你自己的挤压作用也远没有你想象得那么严重，一旦用对立的态度待人，陷入用自己的弱势跟别人的强势竞争的陷阱，最后败得最惨的就是你自己。这种矛盾也罢，相互的竞争也罢，我们不应该把它放大得那么丑恶，实际上，评价这种人最严厉的一个词就是愚蠢，别人本没有那么丑恶，你只要稍稍调一个方向，换一个角度，就会感觉天地一下子宽了，天下一下子就太平了。

懂得欣赏别人，实际上是在为自己铺路。

依赖别人是在否定自己

常有营销人员抱怨研发人员：研发的产品不够个性化，新产品价格高，没有足够的竞争力；也常有研发人员嘲笑营销人员：对新产品的特点一窍不通，有好产品也不会卖。我对营销人员讲，如果新产品的认知度高，不出门就形成排队抢购之势，要你们营销人员干吗？我又对研发人员讲，如果营销人员对新产品的技术先知先觉，甚至普通产品都能忽悠成抢手货，你们的价值又何在？

在实际的经营和生活中，像这样的情况很普遍，我们经常能听到这样的声音："我们国家太穷了"，"国人的素质太低了"，"我们公司的机制太差了"，"我的上级水平太洼了"，"我的父母没有能力，不能让我像人家的孩子那样含金匙而生"，"某某某限制了我的发展"，"我在部门没有发展的机会”……

他们的潜台词是：“如果我生在发达国家就好了”，“如果我的公司能像世界五百强的某个公司就好了”，“如果我的父母有能力就好了”，“如果我们家有关系就好了”，“如果我碰到某位伯乐、某位贵人就好了”……他们信奉：创业没有资金不行，发展没有人际关系不行，成名没有人捧场不行，成才没有伯乐不行，成家没有可心的爱人不行，总之他们对于成功创业成家，什么都想到了，唯独没有想到的是自己的作用和价值。这类人总是希望别人已经给他们创造好了条件，让他们不费吹灰之力，业绩成果和好的生活就唾手可得，如果现实中没有给他们创造现成的好条件，就开始抱怨牢骚。

这是一种很严重的病，讲得好听一点叫“客观条件依赖症”，依赖别人，没有自我。讲得难听一点就是“精神寄生虫病”，梦想靠别人的恩惠生活，外加一张牢骚的嘴巴。这种病的病根，是对自己没有信心，从思想上没有挖掘自己本身的潜力，没有发挥出自身的主观能动性。但是他们追求生活的美好愿望却与常人无异，当自己的能力和现实情况与愿望相差太多时，一边是对落魄现实的自卑，一边是“精神自卫式（给自己找理由抱怨外界客观环境的不公平）”的牢骚。

有一次我给营销人员上培训课，听到一位业务人员讲：销售主要靠广告来拉动。我当时就反问这位“广告依赖症患者”：销售的思路是仅仅依赖广告卖货吗？做的广告投入一个亿，收入几千万，这样的企业不是没有过，结果有多少这样的企业已经成为企业竞争的炮灰？做营销不做广告不行，但做什么样的“广告”最有效果？两军相遇勇者胜，做最有信心的广告，做自动自发的广告，做勇于自我推荐的广告！皇明诞生时负债近百万，广告费一分钱没有，当时本行业已有企业近百个，随便哪个都比我们大，有的企业已有过亿元的规模，皇明怎么办？是先有了“目空一切”的精神，没有把困难放在眼里，热火朝天、朝气蓬勃地在各地进行科普万里行，进行体验式营销，用方法最笨也是最贴近消费者的摆地摊式的“广告”。后来我们又创新地想到了“产品换广告”，在省报上刊登了一则广告，那则广告也说出了一种气势：“谁说太阳能热水器不能登大雅之堂？皇明太阳能敢与名牌家电同台竞美!”我的地盘我做主，我们的资源虽然有限，但我们有股豪气，有股子热情，年轻的皇明挥斥方遒，喊出了做中国太阳能第一品牌的口号，结果五年后我们就做到了。

客观条件越差，困难艰险越多，实际机会越多，越有爆发力。企业发展中没有什么可担心的，团队的生存核心靠的就是斗志，逢山铺路，遇河搭桥，克服一个又一个困难，胜利会在眼前。个人也是一样，以小看老，要有独立的精神，要有奋斗的劲头！那种依赖、懦弱、不自信的人，不但给自己带来人生的灾难，同样也是团队里的淘汰对象。

沉舟侧畔千帆过，病树前头万树春，团队不会让“病树”和“沉舟”所拖累和阻挡，照顾、呵护、拉哄这些“依赖症患者”，就是对团队其他人员的不公平，在鞭策促进他们未果的情况下，只有淘汰。个人更是要认清这些危机，认清这种病症，及时摆脱开依赖思想，活出朝气，活出自己的价值，活出人生的精彩！

好的心态是人生重要的基础

现时代的人们都愿意讲成功，我更愿意讲人这一生是否过得充实。充实与否跟人一生中的两个因素有关，一个是梦想一个是爱好。梦想很远爱好很近，回顾我的个人成长经历，这一生当中都与这两个因素有直接联系。

前一段时间我给公司的员工做了一个《我有一个梦想》的演讲，带着大家重走了皇明的光荣与梦想之路。其实一开始做企业也罢，融入社会也罢，都是非常个人的事情，但是做着做着就发现，自己做的事情已远远超出了个人的行为，当一个人把个人的梦想、大家的梦想、社会的梦想、国家的梦想融合在一起的时候，不成功也难。因为这个个体已经和社会、国家融合在一起，个体的事业已成为社会的事业、国家的事业了。但是这个最初的个人梦想怎么能变成一个事业，一个企业，一个行业，甚至走向世界，雄踞全球？我觉得跟我们每个人现在渴望的充实和价值有关。

我是一个非常普通的人，小时候是“黑五类”，处在社会的底层，连娶媳妇当工人这样看似再平常不过的事情都不敢想。记得我 17 岁时偷听我爸爸、妈妈跟奶奶议论，说黄鸣以后娶媳妇怎么办？城里的肯定娶不上了，县城边上农村的七大姑八大姨的伺候不了，还是找江苏老家的比较可靠。弄得我大学毕业以后，江苏老家的亲戚家还有人问我的婚事怎么样了。那时按常理说我应该没有梦想没有追求了，但实际上我不但有而且还五彩缤纷。我记得我上课的时候不老实，画飞机画快艇画航空母舰，自己动手做航模，梦想当航空母舰的设计师；看人家拉手风琴拉得好，自己也投入学习，梦想我将来也拉手风琴；看到我舅舅无线电搞得好，梦想自己也做无线电大师……我有一串串的梦想和一段段梦想破灭的过程，但是我“屡败屡战”，一直“战”到 37 岁才把梦想固定下来。是什么支撑了我的梦想和我并不灰色的人生？那就是爱好，一个人如果总是有梦想却实现不了，这人基本上就没有什么希望了，如果有一个爱好，它就会支撑一个人继续自己的梦想人生。

比如说票友，我喜欢唱京剧，我从来没有在京剧上赚过一分钱，反而还花了很多钱，但是我高兴，原因就是我喜欢。很多人玩票玩到什么程度？玩到能跟李维康同台表演，观众分不出来谁是专业谁是非专业，这里面的道理就是：梦想有可能支撑你一时，但爱好和兴趣可以支撑你一世，梦想可以引发爱好，并能使爱好明确、丰富和固化。在我爱上太阳能以后，我以前的梦想几乎都为我的爱好“增砖添瓦”。摆弄航模锻炼了我的动手能力；手风琴、文学等艺术的熏陶使我对企业的宣传游刃有余，皇明早期的产品说明书和广告语都是出自我的创意；梦想当无线电大师拆弄旧家电，对企业电子产品的研究起到了非常大的促进作用。

我经常在大学生的创业论坛演讲中问大家：你们有没有梦想？人人都有。再问有没有爱好，能不能把这个爱好当作一生的事业，无怨无悔就像玩票一样地坚持一生？很少有人说有，这就是我们这一代人的悲哀，也是我们社会的悲哀！我的经历证明，我就是靠爱好支撑到现在，更要靠它支撑到未来，我的接班人肯定也是像我一样，是“玩太阳能票的人”，我的这个团队也是这些“玩太阳能票的人”组成的，这样的团队才能无往而不胜。金钱、女人、地位，什么都拉不动它。不信你去拉一个票友，给他金钱让他放弃他的爱好，没有一个人会这样做！如果有的话，那他就不是真正的爱好者，就不是真正的票友。

第四讲

发现自我，让平凡的自己破茧重生

培养自我造化的能力

建立自我激励的信心

制定自我超越的计划

“自我”的不同境界

培养自我造化的能力

很多老板在培养人才或者招聘人才的过程中，总认为人才是固定成型的，认为这个社会上有现成的人才，我招来了就用，实际上这是一种误区。人才是可以培养的，换句话讲："人之初性本上"，人人都有人才的基因，人人都有被改造成人才的可能。

我把改造自我的力量叫做自造力，就是说要自己造化自己。我的一位秘书，当时他分到我身边工作时，肩负着一个任务：规范我的日常行为，这对刚入社会的他来讲是一个很大的难题，他直接的反映就是：他不敢！老板多大的级别啊，他一个新员工要规范老板的行为，怎么想怎么都不敢。在"不敢"的情况下，我"随心所欲"地定了几个行程，结果出现了"撞车"事件。为了改变他的"不敢”，我给他的激励语是：在你的一亩三分地里，你的地盘你做主，你要有“要老板高效”的工作指导思想，要规范老板的行程，相信你做得比你的老板更专业！后来他由最初的胆战心惊到信心十足，给我把日常行程安排的条理分明，这样使我在日常工作中能够“清空”杂事，全力以赴地投入工作，不是老想着今天做什么明天做什么，从而净化了工作环境。

我和秘书的案例是一个典型的被改造和自我改造的案例，我过去是很急躁的性格，现在为了这个事业一直在调整。我总是公布我的同事们改造我的成果，其实，与其说是大家改造了我，不如说是我为了这个事业让大家来改造我。改造自我，要做自己的心理医生，这个医生不但要治病而且还要强身。但是绝大多数人在心理上并不是强壮的，就像绝大多数人在生理上不像运动员那么强壮一样。

现在“亚健康”的概念很流行，据世界卫生组织一项全球性调查结果表明，全世界真正健康的人仅占5%，经医生检查、诊断有病的人也只占20%，75%的人处于亚健康状态。那么我们借用这个理论类推一下，是不是心理上也有“亚健康”状态？怎样医治？我认为治疗亚健康应该是一个强身的概念，而不是治病的概念。“亚健康”完全可以通过自我调节达到健康的状态，而我们心理上的“亚健康”也完全可以通过“自造力”自我改造成健康状态。这里头有两个概念，第一是建立并强化自己的自信，改造自我最根本的东西就是建立自信。第二要调整自己的性格。有人说，性格是不可改变的。不可否认，他的“器质”是由生理决定的，分为粘液质、多血质、胆汁质、抑郁质等，但是个人性格在这个范围内也能通过自我改造调整过来。比如火爆脾气的人还能继续开朗，继续风风火火，但是他学会了制怒，控制了冲动。执著性格的，还继续保留着对事业执著的追求，但他去掉了那种固执，去掉了那种对事物的极端看法和极端情绪。

只要这种调整是建立在健康的平台上，建立在一个正确的价值观基础上，建立在一种大目标上，建立在一种永恒的、能够贯穿你一生的，甚至为你身后能留下的事业的追求上，那么这种改变就会越来越远离其性格中胆怯、冲动、迟缓、狭隘、多疑、缺乏持久力等性格中的弱项，使其能够在目标和使命的引领下走向性格的完善，也就会包容越来越多的人和越来越多的事情，这也是人们常说的“有多大的胸怀就做多大的事业”的原因了。

建立自我激励的信心

茫然、何去何从、成功……这是我们这个时代的年轻人口中几个重复率非常高的关键词，当我在高校演讲、与公司新来的员工沟通时，不知有多少年轻人张嘴就谈到这些词。年轻人初入社会，会面临诸多的机会，也会面临诸多的坎坷，而芸芸众生中为什么偏偏是你脱颖而出？这完全要依靠自己成全自己。北京人流传着这样一句话：咱得自个儿成全自个儿。扎实的基础功夫必不可少，但更需要的是一种自信力，我认为自我激励就是培养自信力的好方法。

美国哈佛大学的威廉·詹姆斯经过研究发现，一个没有受过激励的人，仅能发挥其能力的20%～30%，而当他受到激励时，其能力可发挥至80%～90%，即一个人在通过充分的激励后，所发挥的作用相当于激励前的 3 至 4 倍。员工依赖集体与上级来激励自己，来表扬自己，来焕发斗志，增加积极性，这一点从管理角度上讲是对的。从集体的角度来讲，这个集体也必须有这种能力建立这种机制，皇明“选才用才育才之三机制两原则”中，激励机制列在第一位。但对个人来讲，如果单单依赖这种激励却可能是消极的、被动的，在某种程度上是无效的。

由于中国人比较含蓄，无论在家庭生活中还是在社会工作中，常常是“爱字不出口”，“欣赏表扬不出口”，在这种现实情况下，开发自我激励尤为重要。我们应该自己激发自己，有意地激发自己，不要等待别人，不要指望别人。我做得好，为什么不自我肯定？为什么不自我奖励？哪怕是精神奖励也行！然而我们欠缺这种能力，对人对己吝啬这种肯定。人是极易疲劳的，喜怒哀乐俱全，既有乐观情绪也有悲观情绪，这是我们的本性，我们要面对这种无奈。但是漫漫人生路我们要学会保持积极性，当我们情绪浮躁、消沉的时候，要能够激发自己，逃开消极心境。做到这些最重要的一点就是要尊重自己，相信自己，把大目标设定成许多小目标，达到一个小目标时要奖励自己，从精神上鼓励自己，有意识地为自己喝彩。要学会挖空心思、大海捞针般地捞到可让自己最欣赏的、让自己最兴奋的优点和成绩，巩固它并形成与众不同的自我核心竞争力。

我们在培养自信力进行自我激励时，要有意识地区分开自我激励的两种境界，要与时代和社会的潮流合拍。

自我激励有两种境界，第一种是仅仅顺应自己的特长，发展成为其从事领域的顶尖人物，以巴顿将军为代表。在第二次世界大战中，巴顿作为一个装甲师的中将，一直从诺曼底打到柏林，是战争之神。他把装甲战这种快速出击战术运用到了极致。有人评价巴顿就是为战争而生，是为战争胜利而生。这样的人非常敬业，是个天才。但是，他也很容易失去理智，不是一个帅才，他只能是一个将军，巴顿鞭打受伤逃兵的事件就很能说明这个问题。在西西里战役期间，巴顿将军是第七集团军从杰拉直捣墨西拿的持续进击中的主要支柱。他绝对不能容忍拖延或任何借口的迟误，才使该集团军得以迅速前进，这对早日粉碎西西里敌人的抵抗起了很大的作用。在整个战役中，他对自己和对部下的要求都极其严苛，他对个别士兵的要求甚至近乎残酷。在他两次去医院看望伤病员时，都碰到了没有负伤而被送回后方的病号，他们患有通常所谓的“战斗忧虑症”，具体来说就是精神失常，其中一人还在发烧，这两次偶遇他都暴躁至极，其中一次还动手打了人，并且把那个士兵的钢盔打落在地，这显示了他在战争高压状态下对不能战斗到最后的士兵的失望与愤怒。他靠什么激励自己？胜利，胜利，胜利！战争，战争，战争！靠这种激励，他在战争年代会永远打到最后，成为一个英雄。但是，他绝对达不到我们下面要讲的第二境界。这也体现在战争结束之后，巴顿就不知道下一步该做什么了，很快郁郁寡欢遇车祸后不久就死掉了。

第二种境界是顺应时代社会潮流而激励自己的行为，这种自我激励与第一种相较，其发展空间会越来越大。这种境界以丘吉尔、罗斯福为代表，还有巴顿的上司麦克阿瑟。他们也是为胜利而生的，但是，他们绝不是为战争而生。巴顿没有对人类的热爱，甚至我敢说他没有对美国人民的热爱，更没有对和平的热爱。像丘吉尔、罗斯福这样伟大的政治家，从法西斯的铁蹄下拯救了整个世界，靠的不是为战争胜利而生的信念来激发的，他们靠的是对民族、对整个人类、对人性的热爱，靠的是人性、人道。所以，丘吉尔不仅在战后当了首相，即使他卸任之后，仍旧是一个伟大的政治家，还是一个时代的英雄，永远不落伍，直到他死。这两种人不同的结局、不同的暮年，证明了自我激励的两种境界。

制定自我超越的计划

2004年4月，在青岛我见到了来到中国巡回讲学的国际品牌联盟（IBF）副主席、可口可乐公司首席顾问弗朗西斯·麦奎尔先生，他的精神头儿给我留下非常深刻的印象。已古稀之年的人了，精力旺盛的如同年轻小伙儿，连续几天走过了北京、上海、西安等几个城市，站着演讲一讲就是几个小时，丝毫看不出疲惫，他似乎永远都是激情四射，当时我都感慨，当我像他这个年龄时，是否也会如此充满活力和梦想呢？

麦奎尔先生这种宝贵的激情，是我们许多人所追求而不达的目标。一时保持激情容易，一世保持激情难。而我们年轻人在成长的过程中，常常陷入一种“成长的瓶颈”，工作陷入停滞不前的状态，没有了激情，情绪低落，这个阶段就像瓶子的颈部一样是一个关口，往上突破就是出口，但如果找不到正确的方向也有可能一直被困在瓶颈处。不管对个人还是企业，都是一个极大的损失。

突破这种“成长瓶颈”应该培养一种自我更新自我超越的能力，我称之为“自超力”，有了这种能力就会不断地越过这种成长障碍。分析成长遇到的“瓶颈”，其外在表现形式大体有这么几种：

1. 不主动找事做，眼耳手脚功能“退化”

在一个部门内，分析新老员工的区别，很大一部分在于：新员工眼耳手脚功能的开发远远大于老员工。因为对于陌生的环境，求知欲和“生存”欲，使新人更能集中精力和思维，开动脑筋学习新知识，而这种宝贵的求知上进欲望，会随同对部门环境的熟悉而逐渐淡化，由主动变被动，由积极变懒散，致使感官功能退化。

2. 找不到工作的突破点，对新情况新问题束手无策

出于工作生活的惯性，很多人会排斥新鲜思想，难于接受新鲜事物，当新形势下出现新问题时，陷入一种被动的无奈，就像在信息化时代，仍对自己熟悉的算盘操作恋恋不舍。

3. 按部就班，安于“太平日子”

人是有惰性的，创新如同爬坡，不进则退，在趋利避害的本性下，人习惯于按照设定的、成形的、已有的模式和程序工作，安于周而复始的重复日子。

4. 总想回报，凭经验吃老本

当积累了一定的阅历和经验后，总有以“苦劳”论“功劳”的思想，躺在自认为的功劳簿上讲资历。有工作需要冲锋时畏缩退后，评功劳论奖励时“自告奋勇”往前冲。

5. 出现应付工作的现象

对安排的工作抱怨、牢骚、退缩，环境好的时候，受到表扬就飞上天了，挨个批评遇到挫折，情绪就萎靡不振般如同下了地狱。不追根究底，得过且过，当一天和尚撞一天钟。

超越自己是一种痛苦，而陷入“成长瓶颈”更是一种不能与时俱进的折磨。为了解决这样的问题，世界一些有名气的公司也推出很多方法令员工保持激情：微软采取的是不断地提供员工有兴趣的课题并创造条件使其成果尽快转化成生产力，以价值体现来持续开发员工的激情；三星为了刺激员工的激情，采取的是内外兼施的忧患之道。杰克·韦尔奇给GE保持激情的药方是“制定一场我们每天都想打赢的商业游戏。”……而我们自己可以从中学到一些技巧和方法，来开拓自我的激情，从而不断地超越自我，以下几点值得借鉴：

1. 不断开发人最本质的求知欲望，为自己时时制造知识饥渴状态

求知是人上进最基本的特征，我们要想不断上进，就要使自己的思想处于一种“饥渴”状态，为求知创造条件，像新员工一样对工作和生活保持好奇心，人为地“无中生有，有中生新”，不断地制造有难度的课题，在不断的挑战新工作中超越自我。

2. 清空自己的经验，对已有的成绩“不自恋”

“终身学习”已成当今社会的学习和教育特色，新知识新信息日新月异，我们需要时常静下心来回归本元，不被周围的事情打扰，对自己的知识“清杯”“空杯”，其目的是为了更好地吸纳新的知识，从而时时更新自己的知识体系。

3. 培养开放的态度，走出小圈子看世界

人外有人山外有山，只有看到他人之长，才能对比出自己的短。开放首先是一种态度，是心态的开放，要有不

断向他人学习的思想，才能杜绝夜郎自大。

4. 把自己融入团体中，与社会主流合拍而动

一个人超越一己私利，一个公司超越一企私利，能站得更高更远，与社会、国家主流合拍，把自己的利益、奋斗目标与国家与社会潮流连在一起的时候，大付出必有大回报，想不成功也难。

5. 养成主动思考问题的习惯

子曰：“学而不思则罔，思而不学则殆”。

孔子说：只重学习而不注重思考，就有可能遭到蒙蔽而陷于迷惑；只重思考而不注重学习，就有可能因误入歧途而招致疲乏及危险。

2008 年，我们提出的新战略方针中，“提速、增效”放在了首位。如何提速？怎样增效？这中间是有方法可循的，在这里我讲一个自己学外语把两小时的课程增值几倍的故事，相信会对怎么提速、增效有所启示。

我在英语高级班学外语的时候，能把两小时的课程增值到十几个小时。那时我们的老师是从东南亚回来的蔡老师，水平很高，人很和蔼，教学方式非常灵活。当时我们学的是新概念英语，蔡老师在讲完课程之后，留出很大一段时间来回答学生们的提问，我占了答疑的大部分时间，一口气提很多问题，甚至在下课后我还会追着蔡老师问一

些课堂之外的、比如《英语世界》等读物的问题，蔡老师一一作答，而且他对我的做法非常支持，在同样的学习时间内，我把课堂的两个小时延长了，自己的学习水平得到了提高，也活跃了课堂的气氛，让其他同学得到启发，得到了老师的认可。

之所以会出现这种情况，就是我无意中运用了孔子所说的“学而不思则罔，思而不学则殆”，学习是带着思考去学，思考后又把问题反用于学习中，这样就把被动听课，变成了主动学习，达到了学生和老师的深层次互动。这是我发现的一个很大的“窍门”，它改变了我们思考问题的一个方法，就是由被动变为主动，由老师主导的“灌输式”被动学习，变成了“我要思考”的主动学习。学习方式一转变，思路大不一样，老师给你一杯水，你被动吸收不可能吸收到 100%，而主动学习的吸收量不仅仅能超出一杯水的容量，甚至可能是一桶水，一缸水。

我们的工作也是这样，创新的无限空间就在于“学”与“思”的结合，在于主动与被动的取舍。“填鸭”式教育把很多人的思考方式给教育颠倒了，致使我们很多人没有继承孔子时代总结出来的思维方式，以至于到现在思想还受束缚，在工作中也非常被动。其实思维一变，创新的空间、提速的空间、增效的空间就会出现。

“自我”的不同境界

提起“以自我为中心”，人们自然而然地把它与“自私”、“霸道”、“只顾自己不管他人”等贬义词句联系在一起。其实人类的一切行为，首先源自其最本质的自私，基于一种最基本的“自我”。每个人都有“自我”，人人有“自我”时，人人又必须克制“自我”，必须超越“自我”。任何事物都有矛盾的两面性，它们既独立存在又相互转化，“自我”与“无我”、自私与博大……分清其内在的联系及转化的内因，小则可进行自我修养，大则适用于各种管理。

“自我”分三个层次，由最根本的“自我”发展到“由我及他人”而至“无我”，反映了人际关系的三个境界。

最低层的一个境界是：以“我”为中心。我们看婴幼儿，他们用哭声向家长传递信息：我渴了、我饿了、我要吃奶……一切围绕的都是“我想”、“我要”，他们在家长的心里占的比重是 100%，一家人都围着这个小生命转。婴幼儿的这种行为完全以“自我”为中心，是人最初的、先天性的、最基本的一个本性。

当孩子慢慢长大被送进托儿所、幼儿园，参加到最初的“集体生活”中，他们就会由最初的 100% 降到 50%、40%、30%……随着年龄的增长，进入学校走上社会，在亿万万人口中，个人的“自我”比率会越来越趋于零，渺小得几乎可以忽略不计。然而很多人并没有认识到这种“自我”比重的变化，依然想保留“自我为中心”、以“我想”、“我要”为处世的方式。这些“以自我为中心”的孩子们步入社会以后，与团体中的同事合作时就存在着很大的障碍，在家里的 100% 与到社会的渺小相比，巨大的落差使他们在进入社会以后，常常与社会发生一些矛盾。现在很多公司招聘应届大学生，非常害怕用这些“以自我为中心”的学生，对于这类学生，首要任务是“去我”，帮助他们分析这种“自我”的害处，帮助他们分析在企业里是以消费者为中心、以社会为中心、以团队为中心，这是“自我”要生存的一个客观规律。

第二个层次：为了“自我”而先为他人。现代社会的团队协作团队合作，已将个人与团体的目标实现紧紧联系在一起，为了“自我”目标的实现，必须先满足别人，帮助别人，获得别人的支持和信任，通过“曲线救国”的途径实现“自我”。比如要想产业报国办实体，必须要保障消费者的利益，同时还必须保证企业、员工、股东、销售商、协作商和国家的利益、员工的权益，这是完成“自我”与“他人”的一种交换——为了以“自己”为中心必须以别人为中心，为了自己也必须为别人，为了“自我”，个体的我也必须遵循这个规律。

我要生存我要发展，必须把“自我”融入到“团队”中，这实际上还是从“自我”的角度考虑，这样的话，“以别人为中心”与“以自我为中心”还有什么差别？从生存的角度讲，都是为了让自己活得更好一些，都是为了自我的目标实现。为什么有的人做得如鱼得水，而有的人会适得其反？是否遵循自然规律起到了决定作用。幸运只眷顾那些遵循规律的人，这是第二个境界，是从完全“以自我为中心”的境界而成长到“为了我而先为别人”的境界。

最高层次的境界：我为人人，人人为我。当一个人怀揣着自己的梦想时时刻刻为他人着想时，他实现梦想的主观愿望就会越来越强烈，他的愿望就会感染越来越多的人，自然而然地他会把“自我”的愿望变成别人的梦想，越来越多的人加入到这种个人的“自我梦想”中来，他就会整合越来越多的社会资源，促使他有更多的条件实现“自我”。

他在实现“自我”的时候，就会越来越回归自然，合乎自然规律，和周围天人合一。“自我”梦想最终演变成社会的梦想，与社会、人类的潮流相一致。而社会就会根据他的贡献奖赏给他荣誉和利益，他就理所当然地成为社会精英、财富精英。这些精英身负越来越多的社会责任和人类使命，心系大众造福整个人类，像越来越多的比尔·盖茨们一样，这是“自我”的第三个境界。

子谓子产，“有君子之道四焉：其行己也恭，其事上也敬，其养民也惠，其使民也义。”

第五讲

自我优化、个人升级才能等来升职

为什么不提拔你

自我优化之一——拒绝浪费时间

自我优化之二——发现自己的问题

自我优化之三——时刻要有服务意识

为什么不提拔你

网友留言：黄总你好：我感觉公司有些管理不是很完善。比如干部的提拔问题，为什么有经验的老职工不提拔，而偏偏提拔刚进公司不到一年的员工，就算她工作再好也还是不如老员工有经验吧？公司里多提拔一些有能力有经验的员工是不是对于公司的长远发展有利呢？

回复：虽然我不清楚你是谁，一般像你这样谈经验谈能力的，并且对新员工有“就算她工作再好也还是不如老员工有经验吧？”的臆断，是会出大问题的。因为这时你认为的“宝贝”经验已经是创新的障碍，你会沉浸在过去是怎么做的经验中不能自拔，你没有做过、没有成功的事情，就会继续认为它不能做、不会成功，这样你不但阻碍了自己的创新，更阻碍其他人尤其是新员工的创新。

最近我亲自提拔了两名新员工，并以此鼓励公司主管提拔新人、培养新人、重用新人。这两名员工虽说一位刚刚毕业不久，一位还是大四学生（在大三时已在公司勤工俭学，是公司资助的大学生），但他们从到公司那天起就没有把自己当做局外人，对工作积极热情、主动承担工作任务，不是事找他们，而是他们找事做，并大胆给公司提建议，对工作极其负责，这些就是公司提拔他们的理由，只有不拘一格降人才，才能促使更多新员工保持激情，同时也激发老员工的工作积极性，带动全公司的活力与动力。

很多公司在干部提拔上犯的错误之一，就是论资排辈，一些高层管理者眼中的干部提升标准也是把经验、能力放在第一位。经验和能力固然重要，但仅是参照项之一，如果经验与激情撞车，能力与道德违背，经验和能力带给公司的反而是负面效益。尤其对一个以创新为主的公司，公司的健康发展，不仅要依靠一部分有能力、有经验、有激情和活力的老员工，也要依靠有热情、有激情、积极向上的新员工。但在新员工干部提拔问题上，由于部分主管对新员工存有“没有管理经验、没有组织能力”的偏见，所以不敢用不提拔，使部门陷在“经验堆”里不能突破，搞得部门四平八稳像封建官场的衙门，这样最终会落入死气沉沉的老好人组织中。

其实，不仅仅皇明公司这样，世界上很多优秀的公司都是这样。在这一方面我想你应该关注的不是谁被提升的问题，而应该反思为什么有些老员工没被提升？为什么提升那样的新人？你跟他们的差别是什么？这样更有利于你在公司继续发展。否则不是公司没前途，是你自己的前途堪忧了。

自我优化之一——拒绝浪费时间

对于“优化”一词，我们更多的是在电脑普及后对它熟识。电脑新买或重装系统后速度很快，但时间一长，就会出现“老化”问题，电脑垃圾增多，速度变慢，这时就是该优化电脑的时候了，清理一下磁盘，删除一些缓存的读取文件，把电脑的垃圾优化掉，电脑的速度就会提高。另外，文件夹的归类、硬件的整合、系统软件的优化，都能使电脑使用者效率提高。

当优化与效率连在一起时，反观我们的行为，才知道我们的浪费何其惊人，我们可以优化的空间有多么巨大。

我曾讲过我们能源消耗与发达国家的差距，我们单位能耗所创造的财富远远低于发达国家。我国创造每单位GDP的能耗比国际水平高出许多，是世界平均值的3至4

倍，日本的 11.5 倍，美国的 4.3 倍，德国、法国的 7.7 倍。

日本每单位的 GDP 的能耗仅是中国的 1/11，难怪人家说我们是劣等，在优化这一层面上我们没话讲：没有优化你就是劣等，你的工作没有进行优化你的工作就是劣质，你这个人没有经过优化你这个人就是劣质的人。当我们没有优化意识没有优化观念时，工作中就会存在严重的浪费，就会制造消耗健康肌体的垃圾。更为严重的是，这种“消耗病毒”会复制、会传染、会影响那些优化的健康肌体，使健康细胞全军覆没。

我们每个人都不想自己成为劣质的人，知耻而后进才是出路。优化就是摆脱劣质，优化就是与低效说再见。

自我优化之二——发现自己的问题

我相信每个人本质上都是追求高效追求优质的，之所以没有优化的根本原因，在于一是没有优化的意识；二是不知优化的方法。

提到优化，就要提到“自动化”，“自动化”日本的解释就别有一番意味，他们的“动”用的是汉字“动”的繁写异体字“働”，即要使自己“动”起来，保证每个人优化。犹如日本丰田汽车在全球推广的“精益生产”所述的管理核心，要求每个人去创新去推动去改善，利用最少的资源做最好的产品，消除浪费。

我们很多人很会看问题，总看到一大堆公司的问题、团队的问题、别人的问题，唯独没有看到自己的问题。优化应该首先保证自己的优化，像华为公司总裁任正非所言，

“不是要你去研究如何赶上 IBM，而是研究你那个管理环节如何是全世界最优的，要赶上 IBM 不是你的事情，你也不具备这样的资历和资格（我对任总这句话保留意见，认为员工可能当时不行，但以后不一定不行），所以要面对现实，踏踏实实地进行管理的改进，这样公司才会有希望。”

公司的希望在于个体的优化，我们每个人要时常检查自己是否在你的团队、全国甚至世界中是最优的，你只有保证自己最优，才能带动你周围的人最优。如果你这么想，他也这么想，公司的每个人都这么想，那么这个公司达到最优就不言而喻。反过来你老是想最优是别人的事情，老想让别人的最优来配合你，那是懒汉的思想，是不劳而获的思想，是家外人的思想，是局外人的思想。如果这种思维、行动形成习惯，那么这个人已经被团队、被公司，甚至是被社会淘汰了。

自我优化之三——时刻要有服务意识

如何对工作品质、工作质量、服务态度进行优化？如何用优化的思想跟各个部门对接？这就要求你对下序部门的服务、上序部门的交接提要求树标准。我们文化理念中有一条，就是培养消费者的被服务意识，我们说被服务的理念是什么？那就是你要把你服务的下道工序或者是终端客户的需求，全面地、强烈地、细致地、超前地传达给你的上序部门，并且树立高标准来进行考核。别等着他们做出劣质的产品、制造出劣质的服务来，你再去投诉，甚至你也不投诉，而是原封不动地把这种劣质继续传到下面去。当你自己优化了而你相关方没优化时，你要学会去沟通，优化你的上序和下序，不见得非要搬动你的上级，如果为你自己的一点小事老惊动你的上级，本身就是不优化。

另外，要做到从计划开始就贯彻优化，好的计划是成功的一半，由计划延伸到行为，由行为延伸到优化的结果，由个体延伸到整个团队。所以，每个人首先要优化自己，除此之外要优化自己的环境，优化自己的上下序，这样的优化是整体的优化，是联动的优化，是高层次的优化，是体系的优化，这种优化是个体优化的升级。

第六讲

修炼自我：成功人士四大能力

洞察力——学会善解人意

影响力——积累个人品牌

控制力——成为一个严谨的人

包容力——让步也是一种进步

洞察力——学会善解人意

这儿讲的洞察力是狭义的洞察力，不是对世间的一种洞察，而是识别他人的能力，只属于洞察力的一种。大家一直在讲，理解万岁，因此洞察别人要和理解别人结合在一起，不是为了算计别人，不是为了攻击别人，也不是为了保护自己，而是为了了解别人。了解和判断别人的情绪、情感，目的是为了能够适应他，进而影响他，必要的时候去左右他。这绝不是魔法师那种为了自己的利益去左右别人的行为，这个左右要加上人道这个标准，是为了他，为了大家去影响他。

了解别人的方法，实际上就是一种移情的方法，就是将心比心、设身处地地换位思考。我们成语当中有一句话叫“善解人意”，非常之好。我们中国文化当中，了解别人、善解人意，表面上是善于了解别人的意思，但是用它的时候是褒义，这个善不是善于的意思，而是善良的意思，“善哉善哉”的意思。应该说，能够善解人意之人，尤其是管理者，是非常高境界的管理者。但是有一点我要提醒，在这方面，很多人有这样的能力和意识去了解别人，判断别人的情绪是高是低，是什么样的状态，但这只是表面的。还要了解这个人的总体性格是怎么样的，要了解他的趋向，了解他的价值观等；更深层次的，要了解他的人品，这有助于管理、有助于影响、有助于引导。有不少同志在这方面能力是非常强的，但是，大家切记一条，切忌在这方面盲目自信，因为再没有比人心更博大更深奥的了，而且有的时候了解人心，经常是模糊的、漫无目的的、多向的、发散的、无规律的。一个人与另一个人不一样，一个人在不同的时期不一样，所以不要轻易地太自信，盲目自信往往会闹出笑话，尤其对他人人品的判断，这时要特别地谨慎。

就事论事，思想上不能随便枪毙人。首先，“人之初性本善”，人性当中非常恶劣的例子不是太多，怎么老让你赶上呢，这就有问题。另外从人道主义观点讲，从肉体上、生理上杀掉一个人，是要偿命的，是要严厉制裁的。但是，我们中国人往往从观念上、从思想上，就把人判死刑了，太随意了！如果他刑事上犯了罪，他可以辩护，个人辩护，请律师辩护，很多人可以为他鸣不平，现在无罪推定、沉默权等很多，但我们往往在名义上就把别人判死刑了，这种情况太多了。这不是说很多人在主观臆测、造谣，而是说很多情况下我们都是非常不负责地认为：他就是人品不好，他就是坏人。我们可曾想过他是不是在这件事情上是坏的，其他事情是好的？事情是单一的，而背景是复杂的，人也是有多面性的。我们企业原来有几个案例，两个人贪污了600块钱的电话费和出差费，集团毫不犹豫地开除了他们。这是对的，开除他仅仅是对这600钱以及对未来的可能性进行防范，集团规定凡是有这样事情的人都得开除。按理说，这个人人品不好，但我们不要这样说，就只说这件事情，你没有和他全部的生活生命连在一起，你不知道他的全部，你只知道这件事，因这个事情能够开除他，但不能够评价他。你没有这个权力，每个人都没有这个权力。所以我们在处罚的公告上一定要就事论事，这件事情铁证如山就处理这件事情，不能随意对当事者的人品做评价。这件事情我也要做检讨，过去在这样的事情上，在文化上注意得不够。

另外，要保持对一件事情长久的注意力。在一个纷杂的环境里，要能对某种声音或现象保持一种超人的敏感、一种特别的注意力，一眼就能看出端倪并且马上解决它，这点也是非常重要的。

影响力——积累个人品牌

1. 处理人际关系，重在调整自己并不断获得自信

处理人际关系，是一个个人品牌建立的过程，和我们常规意义上的拉关系、走门子、通路子不是一回事。它是一种知觉、调控、管理他人情绪的能力，同时我认为也是调整自己以适应他人的一个过程、一种能力，我个人认为后面这一层更重要。实际上，感知别人，就是调整自己来适应别人，根本在于诚心加自信。诚心是一定要建立自己的品牌，建立自己的影响力，去影响别人，甚至在管理当中去左右别人的时候，首先对别人是诚心诚意的。其实道理很简单，“心诚则灵”。有些人为什么跟别人造成隔阂？就是因为他们特别的自我封闭，尤其是对自己的缺点掩盖

得很厉害，别人批评不得，别人揭露不得。但如果用一种自嘲自讽的幽默感来对待大家、对待周围环境的时候，很自然地大家的亲和力就有了。我记得原来我们单位组织踢球，我那时三十几岁了，弄了一帮学生来踢足球。第一次是费了很大的劲儿去招呼，锲而不舍地招呼来了，大家玩得很开心，然后慢慢形成了一种习惯，你就有一定的号召力了。实际上这种号召力就是坚持、自信、热情的结果，没有什么别的技巧。大家说管理是一种技巧，实际上错了，这是一种噱头。因为我们面对一个团队时，你一次欺骗他、一次要弄他、一次弄些小聪明，他不明白，第二次他有点儿感觉，第三次、第四次他准就彻底明白了。大家一定不要低看我们的下属，群众是最明白的，你玩弄了权术，你欺上压下，你要些小聪明，你设个圈儿把他们给套进去，时机到了他们就会明白，就会反对。完全诚心诚意地对待，无论是好的坏的都让大家看见，这种坦诚就会铸造魅力和影响。

2. 搞好协调工作

协调方面，说句实在话，实际上很多人都有障碍。既然协调，那面对的就是跟自己不相熟的人，不是跟自己家里人协调。跟其他部门、跟社会搞好关系，那么肯定要有种勇气，其实对方跟你打交道时也怵也不了解，所以如果你非常坦诚地不摆架子地跟他说话，但又不是低三下四的，那样就好沟通。当每个人非常谦虚地向对方讨教，躬着身子请教，再高地位的人也不会拒绝你。因为大部分人有个特点就是“好为人师”，当你向他请教时，他会不厌其烦地、诲人不倦地同你交流，这时候距离一下子就拉近了，协调就成功了。你要是颐指气使、趾高气扬地对待他，交流就会出现问题，所以每个人学会尊重别人，同时也就是尊重我们自己。

另外要树立自信。我们原来讲品牌就是“两信”，对自己是自信，对社会对外界是可信。那么，这种诚心是可信的依据。当然影响人际关系的还有其他的因素，比如组织能力、协商能力、社会分析能力、人际联系能力等等，其实我认为最大的能力是理解，比了解更深刻一些。

3. 好干部要能影响上级和相应的协调部门

过去我常说“影响别人、左右别人”，很多人是想着影响你的下级，因为我有权任免你、升谪你、奖罚你，所以我能左右你，这样的领导是低水平的领导。固然，领导别人的能力，领导下属的能力是非常重要的。但能领导下属是天经地义的，因为你有地位有身份有权力，你有这么多的资源都领导不了管辖范围内的人，这是连领导的最基本的义务都没尽到。其实你最大的本事，最大的能力应该是能影响你的上司。我一直说，你的上司尤其是你的顶头上司是你该利用的最大资源，他有你所没有的权力和影响力，有你所没有的资源和支配力，所以你必须去影响他。第二就要影响你的协调部门、相关部门。它们掌握着你不具有的资源和信息，这样的部门你去影响它，让它为你的工作、为你们共同的目标、共同的职责、需要共同完成的使命去工作，这种影响力才是真正的工作能力。

4. 要诚心对待下属

干部为什么管不好下属？你有权有势什么都有，你去影响你的下属，那不是很正常吗？但是往往这一点很多人都没有做到。为什么？因为很多人缺乏诚心，爱端架子。他们通常会认为，你不尊重我、不服我，那我就没必要了解你、没必要改造你、提升你、没必要培训你，你行就行，不行就拉倒。这样硬要求别人无条件地尊重你、服从你，本来就不符合市场经济规律，人家凭什么无条件服从你？就因为你有资源吗？但那资源不是你的，你跟他是不等价交换。他其实是跟资源的拥有者交换。你把这个资源据为己有地跟他交换，完全是不公平的，他马上形成对立情绪，很多干部的下属不服气，皆源于此。

5. 做好副手，才能当好一把手

设身处地为上级着想，当好他的左膀右臂，不是为了溜须拍马、不是为了迎上，而是为了完成共同的目标，这是你应尽的职责。很多人有这样的错误观念：“这个人只适合当副手。”我说这是混逻辑，很多人不是当不好，而是不愿当。他有了不愿当一把手的心态，他就不可能整合所有的资源，不是他的能力问题，是他的心态问题。

6. 天性容人方可与人为善，与人为善尚需有度

处理人际关系时，有的人天生处理得比较好，这是因为他天性中有善良、与人为善、容人的因素，属于教育类型中的善良宽容型。我个人最欣赏的最有价值的人，就是善良宽容型加商人智慧型的组合。这不矛盾，一点儿也不矛盾。我认为只有反社会型和善良宽容型，绝不会融在一起，而冷漠型和善良宽容型有一个过渡，冷漠强一些，善良宽容就少一些，善良宽容多一些冷漠就少一些，有一个度的问题。那么，涉及到领导人际关系的处理时，与人为善是不是老好人？不是。因为所有的善都应建立在对人类对集体的根本利益的维护基础上！只有在这种原则的基础上，才能有善，这是人际关系的灵魂，否则，它就和恶一墙之隔。

7. 人最大的敌人是自己

谈到感恩，我想到一个极端的例子——陈道明演的康熙，在千叟宴上，举杯敬他的敌人，敬鳌拜，敬朱三太子，敬葛尔丹：愿我的敌人来世与我为敌，是你们造就了我！其实我要补充一句，他把这个敌人太具体化了，造就他的

其实不是这些具体的真正的敌人。你可以祈求玉皇大帝，下一辈子再给我这样的磨难、这样的对手。其实人一生当中要遇到很多的敌人，最大的敌人就是自己。如果你是一个英雄，首先要战胜自己。我有一个员工就曾表达过这样的英雄气概：看到有对手了才会有激情。我很欣赏这个小伙子的豪气，但是他往往会陷入一直在跟敌人搏杀的境地，看不到大局，往往就被自己打败了。而且有时候杀得起了性，就陷入了复仇文化的怪圈中。

我们中国人自古有一种复仇心理，理由好像很神圣，为了自己的父母、为了自己所受的侮辱，包括日本人给我们留下的这种伤痕。当然这种民族仇恨确确实实是没法忘记的，但是在进行社会反思的时候，我们既不能向日本扔一颗原子弹，又不能去占领它，甚至追回赔偿都不可能。记得我去美国的时候，到日本转机，看见秀丽的景色，真是震惊和羡慕，一大堆人围着窗子看，当时我想的是什么？奋发图强、振兴民族、战胜自我、超越自我，无论是对死去的先烈、对列祖列宗，还是对我们的后代，我们这一代人应该有这样的交代。我们这一代人，比任何一代人承担的使命和责任都神圣！我们要承上启下，我们不是战争贩子，我们不是复仇狂，可是我们有责任避免我们父辈遭受的灾难再重演！我们有责任让我们的子孙为生在中国这片土地上、为是中华一员而感到自豪！这就是我们的义务！我们应该面对这种现实，我们要学会应对这种无奈。就像我们的先辈在血与火的战场上一样，其实他们也不想打仗，他们也不想颠沛流离，他们无奈、愤慨，也造就了那一批具有时代特色的英雄。因此，我们现在不要急功近利地奢想享受人家几百年奋斗改革的成功——那种现代的文明、那种富足安逸的生活，我们不是生不逢时，我们不是命运不济，我们只是要承受生在现世环境里的无奈，这也是时代赋予的特点。其实我想说的是，我们是非常非常幸运的，中国的命运将由我们这一代人来扭转！由我们这一代人开始要有一个大的飞跃！无论是体现每一个人的价值，还是实现每一个人的梦想，我想我们大家处在这样的时代都是非常幸运的，因此我们要格外珍惜！要不断地战胜自己，超越自己，顺境不骄，逆境不馁，时刻铭记人最大的敌人就是自己，征服了自己便能征服世界！

控制力——成为一个严谨的人

要相信个人的命运与他人的命运是能够改变的，是能通过情商改变的，这个我叫它控制力。不是控制人为你卖命，是控制你要改造的人的情商往健康的方向发展，往成功的方向发展。

自我调控、调控别人都和人有关系，而没有讲到与自然与科学的关系。实际上，我觉得异曲同工，人与自然的关系和人与人、人与社会的关系是一样的，我们要是把自然当中的山、水、物等等人格化了以后，都是一样的。某天部长会议上，我强调了一下科学的、严谨的思维方式，我们的企业文化当中把胡适的“大胆假设，小心求证”改成“大胆设想，小心求证”。胡先生提出来的这句话在当时的中国是非常新颖的，非常珍贵的，我们确实缺少这样的精神。实际上，在国外在欧美的发达国家，无论是企业还是社会，都奉行这种原则，做每件事情都是非常严谨的。大家知道，这些大企业像西门子、通用，上到CEO，下到一般的经理人，都是技术专业出身的，都是经过严格培训的。他们所处的这种环境、这种逻辑思维层面，如果推理方面出现一个断层，肯定要出问题，肯定生存不下去。所以在以后的市场经济环境下，只有那些严谨的，经过小心求证的企业才能生存。中国的企业是三分科学七分艺术，就是说随意性很强、不严谨，这是现状是历史，但不是未来。我们要达到七分科学三分艺术，但这种艺术也不是不严谨，艺术也有它自己的规律，艺术也是一种科学，在这种意义上讲，艺术是要求百分之百科学的。

包容力——让步也是一种进步

包容力一方面是指胸怀宽广，另一方面是指配合精神。做事业，没有胸怀是不行的，遇事之后要淡然一笑，不要有太多的牵挂太多的包袱，你有多大的胸怀，就能做多大的事业。另一方面，如果没有一定的配合精神也会一事无成，如果你成为一个课题组的组长，必须能包容所有的人，并且有意地给你的手下创造更多的机会，同时也是为自己创造一个机会。实际上从某种程度上说，有胸怀的人是真正聪明的人，所谓的“聪明反被聪明误”还是愚蠢，是被愚蠢误了，所以我所谓的聪明应该是大气的聪明、长远的聪明。很多生意人不明白退一步、让一步海阔天空的道理，其实这正是往前进，使自己有更大的天空的方法，这种包容是为了让更多的人包容自己。

第七讲

超越自我：迈向成功的伟大力量

自知自省——了解自我的能力

意志力和自制力——管理自我的伟大力量

自信、自造、自超——超越自我的三大能力

自知自省——了解自我的能力

这里所说的自知自省是自我觉知和身份感之间的关系。首先，我们要学会了解、认识自己。自我觉知，就是认识自己的情绪。实际上我们在工作中，在跟同事、同学、下级交往的过程中，很多人意识不到自己处在什么情绪状态下，这样容易做傻事。因为过分低沉时工作会受影响，过度浮躁时很可能搞不好与他人的关系。另外最重要的就是你自己认识不清的时候会让你各方面的业绩都下降，有“自知之明”特别重要。其实如果有信心把自己放得低一点更好，能更清楚地看到自己的缺陷，看到自己的问题并去改进。人贵有自知之明，了解了自己以后，很多人就会知道应该做好那些与目前身份相适应以及为未来身份做准备的事情，否则就会错位，会自讨没趣。但是，要给大家纠正一点，有人非常自觉，认为我不是这个身份，我就不去做不去争取。这也不对，非常不符合积极主动的时代进取精神。在这里我要强调一句：“为未来身份做准备、去努力”，你现在的身份可能比较卑微，但是，你未来的定位不是这样的，所以你要做准备要有所努力。有时候中国人的身份感从某种程度上讲太强了，太偏了！我所讲的其实是一个现在的我和未来的我的问题，现在的我和未来的我对内是与你的内在定位相一致的。他今天可能是一个学生，但他心里想“我将来是一个绅士是上等人，虽然我现在什么都不是，我一无所有，但是我是精神贵族，很多事情必须要做，有些事情我坚决不能做，再穷也不能做，有钱没钱有地位没地位都是一样的。我身份高了，受人尊敬了，我不会心高气傲”。相反的，会更加谦虚，更加低姿态。就像我们刚刚创业的时候，有时候还充个大个子，怕别人欺负咱。现在企业发展了，品牌起来了，受世人尊重了，这时候反而特别谨慎，特别谦虚，小心翼翼。实际上，这与内心的一致性是相当符合的。

对外，要及时地调整姿态，不同时期要有不同的姿态，这跟自我觉知是一致的。自我觉知在不同的阶段是要不断调整的，它要根据实际情况及时变化。身份感是一种大定式，而自我觉知是对自己某一时的情绪定位。从细处讲，人的情绪有平和的时候，有消沉的时候，有高亢的时候，有兴奋的时候，每种情绪都需要我们正确地评估。自我觉知，从大处讲还包括对自己身份的判断，对外关系的判断和对自己属于哪一种性格、什么事情会有什么反应的判断。通常大家会对自己一时的性格有所判断，但是，久而久之就会忽略判断。比如我现在有点儿发烧，有点儿太兴奋。如果我注意去感知这种情绪，我就可以警告自己、限制自己。这一点大家都能做到。但是，大家往往不能做到的是，不能随时随地地感知自己的精神状态。所以我希望大家了解自我、感知自我的时候，要经常地了解自己处于什么状态。人贵有自知之明。“贵”是因为他有这个“心”，要时刻提醒自己的身份感，知道自己要什么，我是什么样的人，我给自己的定位是什么。

有一句话送给大家：意识决定存在。只要你一直意识到你自己是一个上等人是一个精神贵族，你这一生一直这样认为，最后你一定会成为一个真正的上等人。人是由自己的意识来决定的，我认为在这个层面上，跟别人无关。很多人为什么总说为别人活着，活得太累，失去了生命的意义。其实就是依照别人的标准，被这个环境、被时代拉得团团转，找不到方向。这时候，很多人不是被性格决定命运，而是被周围的环境决定命运了。

意志力和自制力——管理自我的伟大力量

情绪是可以被控制、被克制并可被理智地调解的。大家知道，比较成熟的人或者胸怀大志的人、有大目标大方向的人，他常常会控制自己的愤怒。比如怒气冲天的时候，他会压制自己，他不会“小不忍”而“乱大谋”，他会调整。其实每个人都能调整，关键是不少人放任它：我就是这脾气，我要发就发，我不管别人。而这样做实际上既会伤害别人也会毁灭自己。有些人不高兴的时候，什么事都不愿做，懒得动弹，他就放纵自己，就不想让自己振作起来，他不去控制、克制、调解自己，这样就被命运左右了，就被环境左右了，就被自己的生理现象给左右了。人的心理状态和人的生理状态是非常相近的，我们中国人生理的大夫太多，心理的大夫太少，社会也少有这样的机构。这件事情非常奇怪，是中国文化的一大缺陷。孔子实际上是一个心理学家，但是孔子的学生出了《论语》以后，就再也不管了，没有真正地把孔子的理论发扬光大。我觉得孔子实际上没学生，如果有学生就不至于被朱熹们把他的理论给歪曲破坏了。

现在企业选干部，无论候选者多么聪明学历多么高，都得看意志力。尤其是在竞争如此激烈的情况下，做一件事情非常难，进入市场非常难。二强相遇勇者胜，勇敢到底才行，其实不止对工作，生活也是这样，想进入创业圈，如果没有意志力那想都不用想了。在竞争的过程中，当你以自己的弱势同别人的强势相比时，你将痛不欲生；当你把自己的强势和别人的弱势相比时，又是非常可笑的；当你用平常心来分析自己的时候，无论你拥有什么样的智商、情商都无所谓，关键在于如何对待自己。每个人都是战斗群体中的一员，要跟自然斗、跟环境斗，斗争并不是那种敌对的斗争，而是对自己意志力的考验，很多事情就是因你的坚韧不拔才能实现，再聪明的人如果三天打鱼两天晒网，也不会成功，所有的成功都需要以坚毅为基石。坚韧不拔、百折不挠是什么？就是会控制自己的情绪，朝着既定目标永远地前进，只坚持做一件事情，一件大事，几十年如一日，只有这样的人才能成功。皇明的团队坚持十几年如一日地发展太阳能，才有现在这样阶段性的成功，这是一个很明显的例子。那么，这种坚韧不拔、百折不挠源于什么呢？源于对事业、对人生、对生活持久的爱。

人生中，很多事情都是“比上不足，比下有余”，人是有精神灵魂的，除了解决温饱以外，最重要的是一直以来人在跟自己的环境、自己的命运作斗争。人会有自己的期望值，他的期望值通常建立在别人怎么样的基础之上，这样就形成一个参照系，人一般都往高处比，总是希望比别人强，所以很多时候会感到压抑。不愿落后是人类文明发展的最基础的动力，这一点应该得到鼓励和肯定。但是这种性情越强，给你带来的压力就越大，紧张度也越高，那怎样来保持这种争胜心又消除它的负面作用呢？答案就是保持乐观主义，我曾说过半杯水的例子：两个人过沙漠，这儿有半杯水，乐观主义者说我还有半杯水，我还能活，我计划每一口水要坚持多长时间，我最终会走出沙漠；悲观主义者一看只有半杯水，说我完了，我过不去了，我活不成了，然后他别的什么都不想了，他就沉浸在那种绝望、失败的心情里了。同样的半杯水一个人过去了，另一个人却死掉了。实际上人生通常面对的都是半杯水，有有利的一面亦有不利的一面，想好有利的一面，既是对自己的安慰，又是保持积极的基础。大家知道，人生不如意十有八九，有很多的愿望都实现不了，如果你总是被这种失望笼罩着，不会寻求解脱，就会对我们的人生、健康、家庭、工作产生很重大的负面影响，因此必须学会解脱自己。但是同时要保持一个平衡，维系一个度，完全大大咧咧，不管不顾也不行。要能既保持积极向上的态势又能解脱自己，而且重点在于实践上的解脱。当你投入工作时，你一门心思地想着追求，执著地工作，就会产生很大压力，因此当你离开工作的时候，你要马上解脱出来。我在决定辞职下海的前几天，失眠了两天，想得太多了，结果我觉得太可怕了，为什么？我还没有真正地面对商海的惊涛骇浪，就已经受不了了，将来我还有什么能力面对？第二天我就想，如果今天晚上我还睡不着觉，我就放弃；如果睡着了，我还可以继续干。结果什么也不想，一夜无梦。到现在我还保持着一个良好的睡眠习惯，就是无论睡得早晚，保证三分钟睡着。如果我晚上要工作，我会具体地限制自己的工作内容，无论写东西还是想事情，绝对保证心无杂念。因为我是一个非常急躁的人，假如白天有很多事情没解决，很多苦恼的事情发生，晚上再想，我就会马上想解决这个问题，但是总不能半夜给人家打电话、开会吧？那只好就今天的事放过去，明天再想。想计划也不是晚上想，第二天上午想。我是一个普通人，我也带着很多紧张和压力，这些年怎么度过的？就是寻求一种超脱，有时也是通过阿Q的角色来缓解的。

现在我们许多人杂念很多，心里老是“百爪挠心”似的，大家要明白在这种状态下，什么事都干不成。其实现在这个社会竞争很残酷、压力也很大，团队之间也会存在很多很多问题，如果你不清理这些东西，不把周围的东西都暂时忘掉，你基本上是干不成事的。佛教当中讲究心静、讲究禅学，我觉得一个人确实到了一定境界的时候，必须忘掉很多东西。有的时候忘我就有我，全是我就没我，中国的文化真可谓博大精深。

自信、自造、自超——超越自我的三大能力

我认为自我激励是一种自信力。我们的情绪浮躁、消沉的时候，怎样激发自己，逃开这种心境？我认为最重要的一点是要尊重自己，相信自己，有意识地为自己喝彩，有意识地找到让自己最兴奋的优点和成绩。其实尊重自己，爱自己，珍惜自己，这是一种境界，我们消沉的时候，往往依赖环境与别人，但依赖实际上是消极的，被动的，某种程度上是无效的。人不应该只依赖外界刺激，应该自己激发自己，有意地激发自己，不要等待别人，不要怨别人。指望着别人来奖励、来鼓励，那是孩子做的事情，那是不成熟的表现。

我把改造自我的力量叫做自造力，就是说要自己造化自己。这里头有两个概念，第一是建立并强化自己的自信，

改造自我最根本的东西就是建立自信。第二要调整自己的性格，做自己的心理医生。大家一直在搞健身，都在思考怎么增强免疫力，怎么让身体更健康，却往往忽略了心理的“亚健康”状态，成为了“行动的巨人，思想的矮子”，要摆脱这种不平衡，达到身心的完美合一，自我改造是重要的一步。人的性格是可以改变的，只要你把心思放在自己的内心状态上，时刻内省，找出自己的缺点和不足，并开诚布公地接受大家的监督和改造，像我接受秘书的改造一样，那么一定能逐渐变成一个内心强大的人，一个渐趋完美的人，一个真正健康的人。

自超力，我定义为超越自我的力量。大家知道这样一句话：人情练达即文章。练达、达观、从容，这是很多中国人追求的境界。但是在市场经济条件下，有很多人追求陶渊明描述的世外桃源的境界，我认为这就有逃避现实之嫌了。当然还有一部分人遁入空门，做了和尚，或者信基督教等其他教派。虽然我是一个无神论者，但我也特别尊重信仰自由，特别羡慕那些有宗教信仰的人。但是，我羡慕的不是国内的信徒——这样说不是攻击他们，因为国内的信徒信教多多少少都带有社会原因，属于逃避世俗的一种。我羡慕国外的天主教徒，他们在信仰宗教的同时，不影响他们的生活，二者完美地融合在一起了，他们的信仰完全不是因为世间的挫折、灾难而认为万事皆空，仅仅是因为从小生活环境的影响，仅仅是民族的原因、文化的传统。所以我觉得后者更健康一些。

中国由于一些历史原因，已经把好多东西打破了，大家变得什么都不信了，也没法信了。当然，共产党员能够信仰马列主义、共产主义，这个主流是不容置疑的。对广大社会民众来说，我认为有一部分宗教信仰可以信。我觉得，人生有信仰是好的，人应该是有信仰的。现在我们是无神论者，很大一部分人还没有入党，可能入不了党。那么，这一部分人怎么办？没有信仰了，没有精神支柱了，这是一件非常麻烦的事。为什么有些邪恶的东西能乘虚而入呢？原因就在于此。所以要探讨我们能不能有信仰？我们能不能有超越？能不能不被世间的许多琐事困扰？因为每个人都是活生生的人，都有七情六欲，都会遇到这样那样的困扰和麻烦。我们需要信仰帮我们摆脱这种困惑。

我只说一个例子，大家看着我爱动、爱热闹，实际上我有时候特别爱静。有时候愿意到深山老林去，有 10 天 20 天的时间可以静思，我可以坐在那里一整天不动。当我到青岛出差时，常在海边坐好长时间，好多的产品像“时代系列”，都是我静思得来的创意和灵感。当然，这些又经过相关部门艰苦的劳动才落到实处，我提供的只是一个灵感，一个点，一个启发而已。

有一段时间，万籁俱静时，我经常一个人仰望浩瀚的星空，庄严肃穆地伫立着，当时的感觉很神圣，我感到自己确实是被一种肃穆的感觉笼罩着。后来我就回味，这是不是一种虔诚的教徒的感觉？我在想，我们人类繁衍了几万年、几十万年，我们地球的生物存活了几亿年，宇宙更是无限的，多少亿亿年了。那么，这么漫长的宇宙时空当中，在这么一个特定的点上，我来到了人世间。从空间上，几万分之一的机会，我来到这个世上，拉丁美洲的蝴蝶多扇那么几下我就来不到这个世上了，世界大战晚结束几年我也来不到这个世上了，有多少多少的干扰，多少多少的事件，稍微有点儿变化，我们大家就都不在世上了。多么多么偶然的机会！所以每当看到有人想自杀，有人不珍惜每一天时，我都觉得那人很傻。别说一天了，就是我们到这个世界上一个小时，都比那些没有机会出生的、错过出生的生物要幸运得多得多。我们哪怕是一只蚂蚁，哪怕是一棵树，只要有生命，都比没有生命的事物要幸运！所以，在这种情况下，你能不对大自然万分敬重、有敬若神明的感觉吗？你能不为这种造化、对冥冥当中孕育你生命的世界有万分感恩之情吗？你能说你没有信仰吗？你有了这种感恩、这种珍惜，那么你对世间的万物，你对宇宙、自然、地球，你对山、对水、对空气，你对社会、民族、国家、你这个省、这个市、这个小山庄——那么贫穷落后的小山庄，对你的父母，你的亲友，你的同学，你的同事，你的上级，你的下级，能没有一种珍爱之情吗？我们属于同样的幸运，同样的命运！这时候，爱就产生了，珍惜就产生了，尊重就产生了！渴望同情别人，渴望被同情；渴望帮助别人，渴望被帮助；渴望有价值，渴望被别人认可，哪怕是再小的价值就够了。这时候你还想多挣钱，少挣钱吗？还想他妒忌我，我妒忌他吗？还想他伤害了我，我要报复吗？还想他算计了我，我要算计他吗？还想他欠我，我一定要欠他更多吗？你还有这种心思吗？没有。这时候，这种忘我的境界就达到了。

当然，我不是想让所有的人时时刻刻都生活在这种忘我的境界中，人的一生难得有这样的境界，这个世间太纷扰了、太嘈杂了，我们的欲望太多了，我们的烦恼也太多了，诱惑也太多了，人们相互之间的矛盾、隔阂太多了，封闭与自我封闭太多了，难得闹中取静，难得啊！但是，这种闹中取静，这种珍贵的、这种超越世间一切享受的忘我境界，难道不是你自己可以给自己创造的吗？你不用付出任何的代价，就能够给自己最大的奖赏。功利到极致就是死亡，每个人都必须面对这种死亡，对付这种死亡、缥缈、沉寂当中的恐惧，我们只能用忘我境界和一种信仰来超越它。为什么我说我对有信仰、对信神的人非常羡慕呢？这就是原因。

人类是非常聪明的，人类在进化的过程当中，创造了神。实际上，神就是他自己！神融入大自然以后，大自然就是神，只不过现实生活中抽象出一个偶像或几个偶像来。因此我们每个人都可以制造自己的偶像，拥有自己的信仰。以太阳能产业为例，我们的环保事业可以留给子孙更多的蓝天白天，这种超越恰恰和我们的现实完美地结合在一起，崇尚大自然，尊敬大自然，珍爱大自然。我们现在所做的一切、信仰当中的一切，又在冥冥当中完美地结合在一起，因为这种结合我们成了最幸运的人，也便能够宠荣不惊，超越自我。

第八讲

提高情商：心理素质决定人生成败

情商最终决定命运——心理素质决定成败

情商是可以改变的——责怪环境莫若改变自己

怎样提高情商之一——对得起自己

怎样提高情商之二——相信你能改变一切

怎样提高情商之三——有信仰爱事业

怎样提高情商之四——热爱每一个人

情商最终决定命运——心理素质决定成败

《齐鲁晚报》上刊登了这样一篇文章："每个人都渴望成功，但并非每个人都能成功。其中很重要的一点，就在于是否具备成功者所特有的心理素质。美国心理学家曾追踪研究了1 500 名智力超常儿童，经过30 年的追踪之后，发现这1 500 名超常儿童中有的成了社会名流、专家学者，有的却变得穷困潦倒、流落街头。对这两类人进行分析的结果表明，他们结局不同的主要原因不在于智力，而在于非智力因素——情商。成就最大的人具有自信、自强和谨慎的品格，有坚持性和抗挫折的能力。有些智力平常而有坚强意志和优良品格的人，也同样能取得惊人的成就。

心理学家在调查分析后指出，在一个人成功的因素中，智力因素（智商）占20% 左右，而其性格、情绪、意志和社会适应能力等非智力因素（情商）则占 80% 左右。为此，推出的成功方程式为20% 的 IQ（智商）加80% 的 EQ（情商）等于 100% 成功。美国心理学家格尔曼对情商是这样解释的，他认为情商包括五个方面的能力：了解自已情绪的能力，控制自已情绪的能力，以自已的情绪激励自已行为的能力，了解别人情绪的能力，与别人友好相处的能力。格尔曼还通过实验证明，在情商这五个方面的能力中情绪的控制力是关键。而高情商也就意味着具备了良好的心理素质。”

在讲情商的时候，大家已经悟到了它是怎样决定你的命运的，是怎样使你的工作做得更好的，是怎样帮你提高自己影响别人的，影响了别人也就是你的成功。情商是智商发挥的平台，没有足够的情商，我们再聪明，有再高的记忆力、再强的理解力，也没有用。大家想想如果一个人精神失常了，神经紊乱了，那么有再多的知识，再强的记忆力，在一个问题上有再深的理解力也是没有用的，甚至可能知识越多越反动。

情商是可以改变的——责怪环境莫若改变自己

人出生的时候，EQ 为零，到了你成年的时候，情商肯定是另一个数。这两点一连，肯定是一条斜线，是一条成长线，而且这条成长线绝对不会到你现在这一点为止，除非你不努力了、不去改造了。社会工作经验越丰富，自己的追求越强烈越执著情商提高就越快。所以，我们现在的问题就是要挖掘自己的潜力，每个人的潜力都是非常大的。很多人认为自己怀才不遇，却不想自己是不是潜力不大。其实，当他有怀才不遇这种感觉的时候，就是因为他的情商阻止了他的发展，也许他真像他认为的那样有高智商、有知识，甚至有一定的专业能力。但是，他就不会给自己创造一个环境，他把自己弄到怀才不遇的程度。大家一定要辩证地想问题，大家习惯于怪罪环境，可是每个人的环境都是特定的，想要改造你周围的人、改变你现在的环境是不容易的，是不能马上实现的。但是，你改变一下你的行为方式、你的眼光、你的观念却是分分秒秒的事，会很快。只有改变了自己，才能改变环境。你自己都改变不了，你怎么能改变环境呢？

怎样提高情商之一——对得起自己

人的生命只有一次，非常难得、非常偶然。既然这么珍贵，为什么不做得更好？如果我们得到了一块稀世的钻石，这个钻石是没有经过雕琢的、没有经过打磨的，或者得到的是一块璞玉，是不是每一个拿到这块钻石的人都想把它打磨、都想把这块玉雕琢得更美，都不会把它扔了不管，对不对？每个人的生命比什么钻石都珍贵吧！恰恰很多人都不去重视它、不去发现它、不去雕琢它，这很奇怪。其实，人确实有让人想不透的地方，有很奇怪的地方，只要把他物化了就好办了。实际上，把一个人的生命比作一颗钻石、比作一块美玉，就知道珍惜它了，这很简单，为什么不呢？当然，这种爱推而广之，就升华为一种博爱，只要珍惜了自己的生命，就会爱自然、爱生活，就会有求知欲，努力去探索、努力丰富自己。根本没有想明天多挣点钱，明天有个好的位置，甚至想让别人另眼相待你这样的杂念。看书就是看书，学习就是学习，因为我珍爱自己，想更美好一点、想让自己更丰富一些，这就是目标，这就是目的，这样就足够了。大家回想一下，我讲到的学英语这个案例，就明白学习是没有理由的，让自己不断进步，珍爱自己也是没有理由的，这是人的本能，天性就该如此。

怎样提高情商之二——相信你能改变一切

我认为自信实际上是一种乐观。原来我讲过半杯水的案例，这种思维方式，我建议大家多思考。一个问题有两个方面，乐观的人往往看到向上的一面，悲观的人则往往看到向下的一面。因而乐观的人就会走出沙漠，就会获得新生，悲观的人则会困死在沙漠里。当然，我们要实事求是，我只有这半杯水，但我要走十天，一天只能喝多少，这一天该怎么走，都要计划好，否则再怎么乐观，可能只因今天多喝了一大口，到明天就会渴死而走不出沙漠。要相信你能，同时要有合理的计划去实现，保持乐观向上，是获得成功的通行证。

怎样提高情商之三——有信仰爱事业

人要有一个能投入的事情，如果没有，就找一个来爱。这不是笑话，很多人确实没有一个值得自己爱的事业，有的人把事业看得非常非常大，非常非常远，一生当中都在寻找一个自己爱的事业，结果找了一辈子也没有找到。他确实想爱了，但最终却没有找到。实际上很简单，我们周围很多东西都值得我们爱。你年轻的时候，爱音乐、爱美术、爱文学、爱无线电都是兴趣。随后你会总结出你所爱的事物，给自己一个信心，你爱它，你就会懂它。最后你会找到一个能够具有这些兴趣总和的东西。大家想想，我过去所爱的东西对现在的事业没有一样是无用的，也许正是因为我爱了这么多东西，所以我才爱这个事业，那些都是基础。我不怕大家还在寻找，但在寻找的过程中，请你不要失去爱。

我曾经说过信仰，意思是人一定要有精神寄托。也许大家会说：我站在星空下，怎么找不到你那种感觉呢？不要紧，你有你的世界，你有很多你认为神圣的东西：一首诗、一支曲子、一项运动、一部美国大片都会找到你认为神圣的东西。也许我这个人容易激动，在我看过的好莱坞大片中，有部《为了国家的荣誉》，里面有个黑人潜水员让我印象深刻。潜水是非常危险的工作，1 000 个人当中 999 个人不会爱它。这个片子反映的就是这个人把自己的职业精神、一个男人的精神、一个公民的精神、一个民族的精神结合在一起，令人肃然起敬。我觉得我们要时常让一些东西感动一下，人活着总是不被感动或者感动不了别人就会有问题。当然你不容易感动，也绝对感动不了别人。我们现在的生活太紧张了、竞争太激烈了，这世界太杂乱了。但再乱你都要闹中取静，找一点儿让你感动的事情。我觉得，世界间万物一点一滴都可以是你的精神寄托，时间长了，你就会找到你信仰的东西。当然我信仰大自然，我信仰和自然和谐的东西、和谐的事业，不见得让大家都有和我一样的信仰。但人是要有精神的，没有精神寄托，那么活着就失去了某种意义。

怎样提高情商之四——热爱每一个人

我们这个种群，就像蚂蚁和蜜蜂一样是一个群体性的种群，互相依存，互相友爱，谁也离不开谁，这是我们的本质。当然，我们比蚂蚁和蜜蜂更高级、更有智慧，是有思维的。好就好在这儿，这样人类社会才能发展到现在这么高的水平；坏也坏在这儿，有智慧，有不同的思维就产生了变异，产生了互相的残杀，产生了那种丑恶的互相的绞杀、欺诈。所以我们现在要回归。市场经济给我们共同竞争的机会，也要求我们回归我们的天性，回归互相之间的珍爱。有了回归大部分问题就都解决了，什么尔虞我诈了、互相排斥了、互相防范了、互不理解了、争斗了、冷漠了、麻木了等等这些东西就都没有了。道理很简单，人本来就是这样的，这就是人性，大家不要泯灭人性。我们可以回过头看一下猴群、看一下猩猩群之间是什么关系就都明白了。

我们既要相信自己是善的，也要相信别人是善的。现在的问题是，很多人认为自己是善的，别人是恶的。这么想的人做事也往往难以成功。将心比心、换位思考、与人为善，中国文化完全把这个道理讲透彻了，不用我说了，需要我们注意的是我们真的要在思想深处认识到并在行动上体现出来才是。

第九讲

潜规则一：什么样的人才最吃香

理想简单的人最受欢迎

有能力但不认同企业文化的人不会重用

什么样的人才在企业最吃香

理想简单的人最受欢迎

一位记者采访时问我：你认为企业当中最优秀的人才，最顶尖的人才应该具备什么样的素质，一般来讲企业对选拔这样的人才都会讲出三四条、五六条甚至七八条标准，我只用一个词回答了他，那就是“简单”。此简单不是头脑简单，而是思想简单，心里不长草，唯有目标和效果。

我们一些人才自己很优秀，但没有影响力，原因何在？因为他们很会“洁身自好”——“我自己学习，我自己什么都会，我什么都懂”，既然把你放在了管理者的岗位上，既然你做团队的领导，仅仅自己做好绝对不行，自己洁自己的好有什么用？独木不成林，群体的力量才能让我们战无不胜。管理者的职责就是应该带着团队实现团队的价值，使每位员工都发挥最大的价值。

你为什么没有影响力？是因为你没有去推动别人。你为什么不去推动别人，看到别人没有长进不指出来？是因为头脑里长草，怕别人对自己的行为评头论足说三道四，没有勇气站出来承担责任，没有胆量站出来管理。或者根本就是怕他人进步，超越你而拒绝帮助他人。自己明明是对的不去传播给别人，自己的思想变不成下属的行动，自己的文化不能成为下属的文化，没有给社会创造财富，没有给消费者带来满意，工作没有效果，而这一些，恰恰是因为想多了，头脑复杂化了，成为了限制行动的桎梏。

没有影响力的人才，不是真正的人才。人类是群居的种群，我常以蜜蜂做类比，个体与团队的关系就像蜜蜂跟蜂群，我是工蜂我就是工蜂，我负责起做工蜂的职责。如果我是蜂王，我就得承担繁衍的重任，大家可别认为蜂王轻松，蜂王是最辛苦、最不得自由的，藏在阴暗的角落里，就是生产的机器，我们看蜂王只看到了她享用蜂王浆，工蜂辛辛苦苦只吃蜂蜜，没有看到她在蜂群中的决定地位。我们的人才犹如蜂王，拿着高薪俸禄，就应该承担团队兴旺的重大责任，就得负起责任，带领整个团队提高，而不是在其位不谋其政。

只有唯目标和效果为导向的思维简单化的人才，才是企业需要的人才，他们不仅会带领团队管理制度化、流程化继而简单化，而且在这种氛围营造的机制中，很容易选择企业所需的真正人才。

前一段时间调整干部，人力资源考评后直接宣布任命结果了，这与我们以前的风格不同，以前升降干部，如果一个同志没有完成指标，不胜任本职工作，我们要降他的职或者调换他的工作时，都要好好地找他谈谈，谈话的用意是好的，帮他分析原因，找出工作的新思路，但是大多数的人不那么想，不认为我没做好我对不起团队，他认为找他谈话是对不起他，是公司理亏在安抚他，这样的一个氛围，属于管理乱伦了，谁是谁非不清楚了，谁对不起谁都不知道了。

我觉得此种简单化不仅是认识的一个矫枉过正，还应该是人才管理的一个原则，个体对于集体来讲永远是服从，这是一个很强的制度管理，调动工作是工作需要，没什么可说的，现在降下去将来你可以凭自己能力再升上来，这个完全在于自己，升降之后无论你走到哪里都是一个合格的战士，是一个训练有素有职业精神的经理人，那才是真正的人才！为什么说部队能打硬仗，部队的战士有素养？就是这样训练出来的，如果老是觉得上级对不起下级，组织对不起个人，这样肯定要出问题。这也是优胜劣汰进化组织和优化组织的一个好办法。有人讲，如果这个人想不通，把他降了或调职了，他可能会流失，这样会削弱集体的力量。这种想法就错了，一件事情发生的时候一定要想到它的优势、益处是什么？假设这次调动是五个人，其中两个人觉得冤枉了开始闹情绪，或者干脆就走失了，那就是自然淘汰。留下的这三个人经得起考验，经过几次打磨、摔打、挫折，哪怕是站在员工的角度上是真正的冤枉错怪了，错怪一次两次，等错怪你三次还能任劳任怨坚持战斗坚持付出的时候，一块金子、一块钻石就闪亮登场了，在这种情况下留下的都是好汉、都是金子。

什么样的人是最有信心的人？是最简单的人！唯有简单，才有更多的精力创新，犹如修剪过枝枝杈杈，树木才得以向高处发展，这是我们整个事业的需要，也是每个人健康成长，每个人能够快乐的需要，这样一个简单的人哪怕遇到再大的压力和困难，只要心中有目标，他都能积极乐观地面对，并觉得克服困难的过程很幸福很充实，现在我们欠缺的就是这种简单思想的人，欠缺这种心回赤子、敢管敢干、唯公司大局和目标是从、一马当先浑身是胆的人才。最优秀的人才，对社会对公司最有价值的人才，最根本的品质就是简单。如果这种人才能够占到主流，制定简单化可操作性强的管理流程，我相信，这个企业不兴旺都难。

有能力但不认同企业文化的人不会被重用

杰克·韦尔奇在中国讲学的时候，有一句话非常发人深省：“什么样的人企业坚决不能用？是有业绩、有能力，但不认同你公司的文化，也就是说和企业的价值观不同的人，这样的人坚决不能用，坚决不能在企业待着，更不能说进入高层。”这句铿锵有力的话解开了我一直以来的心结。认同企业的文化是选人的首要条件。

但文化认同了不等于执行了，执行文化和文化的执行，这两个概念是不一样的，也就是说在文化执行方面是硬的，但文化本身是软的。

执行文化就是靠执行力，强调执行观念就是一种文化，这是所有的企业、团队、军队、政府得以运转的最起码的条件，要是没有这些，什么都做不成；文化的执行，是对于指导我们工作的企业文化、价值观、核心理念，要落实到行动当中。

举一个我们企业销售总监的案例，从他的执行上可以体现出认知与执行的关系。一次营销部门开了一个招商工作会议。负责营销的销售部长出差在外没参加。第二天，我就给销售部长打电话，他说我知道了，销售总监已经打电话通知了，我发现销售总监的执行力很好。然后我问部长开会的内容，他说是招商，招大商。再问“还有什么?”他说“没有了”。我一听，整个会议精神的理解，整个信息的传达，彻底的失败了。网络洗牌，网络更新，网络改造是我当时强调的主要问题，而招大商是网络洗牌当中的重中之重，会议就是针对网络洗牌，针对招商工作的一些错误观念而开的。会议上我反复强调了一个误区，那就是很多人都认为在招商过程中有意向的招，无意向的就不招了，也就是说他想做我就让他做，他不想做我就放弃了，从而失去了很多有能力的、有实力的、我们潜在的经销商，真正的潜在的客户到了公司总部就寥寥无几了。这个精神不要说没有传达到位，就是连参会者自己认知都出了问题。

我们企业现在讲突破性创新，突破思维，但实际上还是处于老状态，鱼找鱼、虾找虾，禁锢在原思维中不能自拔。所以我在会上反复强调的是：要发挥主观能动性，要找空调经销商前五名、卫浴的前五名、家电的前五名、工程公司的前五名、电梯的前五名或者前三名。光电、光热、温屏玻璃、建筑一体化、城市用太阳能灯、家庭用太阳能电扇……这么大的市场，没人会不动心，没人会不做，关键在于销售招商工作做到家了没有。这个会议就是这么个会议精神，结果在传达的时候传达错了。企业文化讲“执行无折扣”，但开会人员把领导指令理解偏了，在传递当中又打了折扣，那么，在任务执行上执行力实际上已经成了零。他是按照自己的理解，对领导指令去搞传播，搞执行了。

实际上解决销售总监的问题很简单，那就是告诉他企业是一个商业团队，商场就是一个军队，军人以服从命令为天职，是铁的纪律。大家知道，著名的诺曼底登陆，完全是盟军的几个国家的军队严格执行命令的结果，如果英国军队反对，蒙哥马利说：我们英军要在色当登陆，那么诺曼底也不能集中精力打，色当也不能集中精力打，整个历史都将被改写。全盟联军一心，统一号令、统一行动、统一纪律，这就是二战胜利的关键！而我们存在什么样的问题？是不去执行领导的命令的问题，这是什么？是散兵，应该统统地枪毙。理解偏了执行就已经很不正确了，更不用说不理解，一点执行的观念都没有了！

执行是任何一个团队生存的最基本的条件，不执行的人就一票否决他，这一点要求企业的每个人都进入正规军状态，任何人必须遵守游戏规则，必须遵守会议决定，这一种硬性规定是性命攸关的。现在皇明进入一个新的发展阶段，进入了发展思路非常清晰的时代，但是不执行等于零！如果在诺曼底有几个将军敢不服从命令，去另开辟战场，去另搞一套，如果允许他们那样做，盟军将士将死掉不只是几十万，甚至上百万，甚至整个世界在法西斯的铁蹄之下受蹂躏，到那时就不仅仅是犹太人几百万人被杀掉的问题了，从这里可以看出不执行命令是最大的不人性！因为恰恰正是这些不执行命令的人，无组织无纪律的人，在破坏大家的利益，甚至影响到大家的生命。

其实大多数人本意上没有想违抗命令不执行，但是为什么造成不执行的后果了呢？销售总监是一个非常有执行力的人，其执行的不到位，很大程度上是由认知的障碍造成的。

什么样的人才在企业最吃香

很多同学毕业找工作，存有一个误区，认为找一份“专业对口”的工作比较好，会有发展。实际上，从专业方面讲，企业人才应该是多面和多元的。个人如果把自己限制到一个小圈内，发展肯定会受到限制。

在多年的企业经营和团队管理中，我发现一个奇怪的现象，在营销部门，提起来的干部非营销专业的居多，照理说，管理和营销科班出身的应该在营销和管理上有潜力，但实际是技术和生产类的有发展后劲（说这些，学营销、管理的听了别沮丧，不是打击你们而是告诉你们实际情况）。为什么？

经过观察与分析，有一点我认为很重要。那就是这类技术销售骨干有专业技术，对产品如数家珍，能真正地解决客户的需求。太阳能不是一个简单的产品，特别是像学校、医院、宾馆这样大规模的太阳能工程系统，没有专业技术背景的一般的销售人员根本销售不动，因为要求现场勘测，懂设计、电子、暖通、监理、现场指挥等技能，甚至要求能懂建筑学，因为大规模热水系统，不能破坏宾馆、学校等原有的建筑。所谓的营销专业，这么窄的一个知识范围要完成这些任务是根本不行的。这也就是为什么很多搞技术的、搞工民建的、搞暖通的人自己学营销专业、营销知识，工作起来得心应手、如鱼得水。我们有一些人的失败不是因为营销水平差，管理理念缺乏，而是因为他们对这个产业了解不够。

在企业，有发展“前景”和“钱景”的高级人才，特别是做干部的，大都是综合型人才。就我本人来说，现在也说不上是什么专业的，我搞过科研，自己生产过、销售过，还亲手安装过几百台太阳能。什么都懂一些，下属很少能蒙我。所以在人才的培养上，我们的方向是复合型，这也是企业对人才需要的必然选择。我一直要求新进大学生必须到生产、制造等各岗位实习至少三个月，但很多学生不理解，还以为企业把大学生当“民工”用，一些学生理解了，也去做了，但是耐不住“辛苦”与“寂寞”，放弃了，然后开始怀疑这种方法，甚至抱怨，产生抵触情绪。而那些坚持下来的人，大都自我成长了起来。其实公司不单单是对新毕业的学生进行多岗位锻炼与实习，对在职的很多员工，尤其是干部，让他们轮岗已经是公司的一种制度。目的只有一个，就是夯实成长的平台。

随着社会发展多学科交叉融合，在各个方面都有一定能力，并且在某一个方面出类拔萃的复合型人才，越来越受到企业的青睐。需要提醒注意的是，复合型人才不是浮于表面的“万金油”，一定是“业有所精”的通才。同时复合型人才在企业是很吃香，但相应的需要付出的努力也就会比常人或者说普通人才多得多。在培养的过程中，企业为个人的发展设计好通路，能否成为“复合型”的高级人才，特别是在专业“深度”、“纯度”方面的锻炼与成长，关键还是看自己。

第十讲

潜规则二：新人如何融入团队

卓越的团队不喜欢“自由人”

怀才不遇是自己有问题

人才空降以后要学会接近大地

年轻人要学会端茶倒水

卓越的团队不喜欢“自由人”

网友：黄总，说实话我是很佩服你。但是对于你的企业我感觉现在是不是有点问题呢？很多人在说皇明现在是海尔的分公司，整天在海尔后面学，但是学的又不像。另一方面皇明搞的企业文化有点过头了，成了一种运动。整天学习，写东西，开会，占用了一多半的时间。本来8个小时能够完成的工作，必须靠加班来完成。有的部门如果你不加班，领导认为你不敬业。还有现在皇明的口碑实在不好，如果您有时间可以调查一下，在德州已经没有人认同皇明了，认为皇明没有人情味。

回复：正是因为有你这样的“自由人”，说明企业文化不是搞过头了，而是搞得不够。当然，光靠耗时间是没用的，对那些本来志不同道不合的人就更没有用（不但没有用，还可能会成为集团发展的拦路石）。把企业的核心精神融到每个员工的思想和行动中是打造高效团队的关键。如果不认同不接受企业文化，也很自然，相对于社会这个大团体来讲，皇明只是个小团体，不需要社会上所有人认同皇明文化，只要小团队内的互认即可。不认同的，离开就是了，没有强迫你。但你只要在这个公司，就得认同企业文化，吃谁家的饭做谁家的事说谁家的话嘛。也许这种文化在其他人看来不近人情不可思议，而里面的人却心甘情愿。恰恰是这群心甘情愿为太阳能事业献身的人，在世界和中国没有人认识太阳能时，进行了艰苦卓绝的奋斗，才使我们中国成为世界上最大的太阳能热利用产品使用国和生产国（占全球 76%）。这种前无古人后无来者的奇迹是在皇明人怀着伟大的梦想和抱负，面对许多人的不理解和怀疑的眼光，顶着许多阻力和压力下，艰苦奋斗创造出来的。这个过程中许多人接受不了，许多人坚持不住了，离开了。但这也成就了皇明，使这个团队更一致，更独特。你也许没有看到，这 10 多年是你们这些人的怀疑史、议论史，也是皇明从无到有从小到大，成为行业巨无霸的创业史。

这儿我要奉劝你几句，如果你真的已离开，怀疑和议论是你的自由；如果你仍旧属于这个团队，就不要当怀疑团队、有悖于团队宗旨的“自由人”。就像上届世界杯，巴西队表现再不好，本队球员也没有私下到处抱怨。而在我国，正是这类不负责任吃家人骂家人的“自由人”国足队员毁了国足。

另外你说“跟在海尔后面学，但是又学不像”——学像了就坏了，就不是皇明了。实际上皇明跟很多优秀企业学，如GE、微软、惠普、西门子、松下、LG、三星、台湾顶新、海尔、海信、华为。同时皇明也有许多它们不及的东西（10多个家电品牌做太阳能多年销量加起来不足皇明的一半即是有力例证），我们只是向它们学习适合我们、能为我们所用的优良的文化和经营理念。如果不把它们的精华融合到企业原创文化中，是徒劳无功的。你把皇明的许多如“绿色DNA”、“追求可持续”等核心文化含有的丰富的企业文化当作海尔的，恰恰说明你的严重无知。除了不懂什么是海尔和其他优秀企业文化之外，你更不懂你曾经赖以生存的皇明文化。

怀才不遇是自己有问题

社会上各单位总有不少人哀叹："生不逢时"、"怀才不遇"、"大材小用"；总是抱怨"为什么遇不到伯乐"、"为什么总是时运不济"，天天等伯乐上门发现。在旧时代也许等伯乐是一种无奈，但在进入21世纪市场竞争日趋充分的今天，这种梦想有一天等待伯乐发现的观念，是从根本上违背人才成长和供应规律的，是远远落后于形势的。对于现代社会来说，没有一个人生下来就属于哪个行当、哪种门类的人才。这样，我们不禁要问几个问题，"什么是人才"、"人才是怎样产生的"、"你怎么知道自己是不是人才"、"是哪方面的人才"、"怎样发现自己在某方面的才能（潜能）"、"怎样发挥自己在某方面的潜能"、"你的才华不被别人发现或赏识怎么办"……

让我们用纠正几个关于人才的认识误区和树立现在人才观念的方法来解释上述问题。

一、人才不是天生的；二、人才不是一天长成的；三、自我认识不见得是人才，人才不是早已在哪儿等着人发现，像古时候伯乐相马那样的；四、人才是自动自发学习锻炼而成的；五、行行出状元；六、越是对自身不利的环境，越能成就人才；七、人才是可以通过现在企人才培养机制批量生产的；八、企业所需要的人才，必须适应现代市场经济规律。

在市场经济条件下，没有哪一个人天生就是某种人才，会被伯乐慧眼识珠，任何人在进入一个行业之前（哪怕你大学学的是这个专业），对于这个行业来说，顶多是个人才毛坯，要经过培训、实践历练，同时经过自觉自发地自我学习和开发才能逐渐成才，正所谓师傅领进门修行在个人，成才对于个人是一个学习实践成长的过程，对于企业（或其他用人单位）是一个培养锻炼潜力的过程。

对于企业来讲，优秀的现代企业除了用严格的考试审评程序招聘部分岗位急需而社会上已有的专业人才（这些已有人才也是在优秀企业，从非人才逐渐成长而成的），多数情况下，不用伯乐相马的方法去相“人才”找“人才”，而是在公开、公平、公正原则下，在受过一定程度社会教育的人才坯子中，用竞争和激励机制，为企业自产自用大批量人才，为社会源源不断地输出人才。没有这些机制和环境即使你是博士也不是真正能为企业所用的人才，再好的材料最多也只能算作未经雕琢的璞玉。

企业对于人才的标准，想象与现实间是有天壤之别的。有一些人上过大学（有的甚至是名牌大学），有过一段工作经历，以为自然就是人才了。这是严重的认知谬误，现代企业要求人才有责任心，愿意务实做事，要求不断学习提高自己的知识和技能，要有很高的专业技术水平，还要有宽容之心仁爱之心，有团队协作精神，关键是要有一颗耐得住寂寞甚至是忍受不公平待遇的心胸（你不能要求任何时候自己都能得到最公平的待遇，就像有时候你可能会得到额外的收获，而有人却在遭受着不公）。大家知道企业之间的竞争主要体现在人才竞争，有这样优秀的人才，一般企业是不会白白浪费的，不仅周围同仁的口碑永在，在引入了竞争机制的企业这样的人才也会很快脱颖而出。即使在内部竞争机制不健全的企业里，是金子总会闪亮的，别人都耐不住寂寞，只要你坚持，总有一天你会被发现，毛遂在平原君府足足等了 3 年，自己创造了机会成就了自己；即便是你确实才华横溢，没有适合的大环境，你同样可以自己创造利于自我发展的空间。这是一个自我成就自我最好的时代，与其怨天尤人，不如扎实练功。你要相信“才华是不会被淹没的”，它绝对是一条真理。但是如果在人才培训竞争、选拔机制比较完善的条件下，你自认为自己是不被发现不被重用的“人才”，那就的确要考虑自己到底是不是一个真正的人才。

假如你在机制不健全的企业或单位，作为个人的力量暂时无法改变团体或社会总体状况，那么个人尤其要摆脱对“伯乐”的依赖心理，苦心地积累，用心学习，不能只是等待，要耐心地寻找机会。一定相信天生我才必有用，是金子总会发光，在现代社会不要等别人来挖掘你，挖不着的概率比较大，等待也只能使自己失去争取的机会。

人才空降以后要学会接近大地

空降兵到了新企业后，如何快速施展自己的才能并得到认可，为企业和自己创造一个辉煌？

随着皇明的发展壮大，我们招聘了很多外来人才，我们称之为“空降兵”。空降兵的到来为皇明带来了很多新鲜的理念，对整个集团的发展、员工素质的提升做出了不少贡献。但对于这些外来的“和尚”，我总是提前打一剂预防针——要他们空杯，要他们放下以前的知识、经验，放下他们的“十八般武艺”。这使很多人不理解——他们正想利用他们的“武艺”在皇明大展手脚呢，为什么反而让他们放下？

这件事情说起来不矛盾，这样的结论也是通过以前招进的“空降兵”在皇明失败的教训得来的。因为“空降兵”来到一个新环境，身上带着“十八般武艺”，他们看不到新环境所需要的“十八般武艺”了。并且带着自己固有的经验时，他们就会拿着自己的长处去比这个企业和环境的短处。外来人才来的时候有很多设想，怀着很多抱负，拥有雄心壮志，认为太阳能行业是朝阳产业，皇明是发展中的企业，我来就有机会。但是一进入企业，一下了“水”才知道并非如此，他们最初来时不知道皇明的“水”那么深，导致自己的优势还没有显示出来，而自身的劣势又无力改变，马上就沉下去淹没了，浪费了双方的精力和财力。

皇明处于一个崭新的太阳能行业，在成长期间，问题是不可避免的，甚至是“问题复问题，问题何其多”。企业所需要的真正的人才，是来了以后入乡随俗，犹如戴着博士帽穿着西装到了农田里，赶紧把西装脱下来，把博士帽摘下来，先把基础的知识学好。皇明是从刀耕火种开始拓荒的，拓荒是皇明不断成长的精神，工具有好坏，但这种精神是没有贵贱的，外来的人才需要的是有这个精神，这种拓荒的精神。这种精神是一种壁垒，进入太阳能行业的家电巨头都不敢小看皇明，进入太阳能行业的家电企业也有十几个了，最早的做了六七年，晚的也有三四年，十几家的总销量现在还赶不上皇明，其根本原因，是少了皇明拓荒得来的根基。

皇明从刀耕火种已经发展到联合收割机，而人才的进入要先从刀耕火种的基础练习，然后再开拖拉机和联合收割机，这能给外来人才更大的自信——我到了一个新的行业，完全能从零干起，完全能从零学起。我先清空自己的一切，然后去研究它、去深入它，去学这个企业的“十八般武艺”，等真正掌握了这个企业的“十八般武艺”后，突然又会发现原来的“十八般武艺”又自然而然地“回来”了，变成了三十六般甚至七十二般武艺。

一个人向一个高僧问道，高僧请他坐下便一言不发，开始给他倒水，水慢慢充满了杯子。高僧视若无睹，继续倒水。水已经溢出杯子，高僧照倒不误。这个人心里不由哀叹，到底年岁不饶人，高僧也会耳聋眼花。高僧依然一言不发，继续往杯中倒水，水一直在溢。终于，这个人站起来，向高僧道了谢，便恭辞而去。他已明白了所要问的道：装满了水的杯子是不可能再装进新的水的，只有空杯的心理，才能够接受新的东西。

其实，皇明吸引外来人才，并不是要“外来人才”适应皇明现在某些方面低层次的标准，而恰恰相反是用外来人才原有的高标准来提升皇明。之所以要他们先去掉“十八般武艺”进行空杯，关键是让他们清空一个心态，先吸收再整合，这是一种高层次的创新，这种创新，正是外来人才在皇明最大的机会。经过前些年空降兵多数水土不服失败的教训之后，现在大多数外来人才能够安全着陆。他们成功的关键在于入公司时真正清空了自己固有的杯子，融入到团队中，学习研究公司企业文化和历史，掌握了新团队的“十八般武艺”，加之发挥原有的能力，在不少职位上表现比较出色，对集团这两年的快速成长和二次创业顺利进行起了很大的作用。

年轻人要学会端茶倒水

有一次，我参加了一个内部会议，在会场上发现了一个情况让我很感慨。整个会议过程中，只有一位女性工程师忙里忙外地端茶送水，而在座的几位比她年轻的大学生对她的“忙碌”无动于衷，傻乎乎的一点反应也没有。养不教，父之过；教不严，师之惰。我当时就批评了他们：谁年轻时不勤快？谁年轻时不打杂？这不是四肢的懒惰，这是脑子的懒惰！

我觉得现在有些年轻人思想、做法上懒惰的很。以前我们毕业后分在单位，首先要做的就是端茶送水当“勤杂工”，而且都抢着做，心态绝对端正。那时还时兴到锅炉房里打水，我一个人能拎好几个暖壶，不但给自己科室打水，而且连别的科室的热水都打了。这种习惯一直保持，甚至有很多次在行业会上，我给在座的人倒一圈水。有的人就说：哎呀，你这么大一个老板给我倒水，让我感到太不好意思了。我说：老板倒水怎么了？我都习惯这样做了。

这是一种很好的传统，它不仅体现了对他人（同事、长辈、专家、老师们）的尊敬；更体现了个人的自我修养；也是年轻人快速融入社会的一种能力。

1. 敬“上”才能求“上”

《论语》里有这样的话：孔子佩服子产，认为他有四点“君子之道”，其中两条是“其行己也恭，其事上也敬”。说子产对自己管理严格；对自己的上级非常恭敬。年轻人刚入社会，周围的同事主管都是你的“上”，是进入社会的老师。要想尽快地融入社会在单位中成长，就要对“上”表现出你的“敬”，这种“敬”不仅仅要在心里保留，更要通过外在的形式表现出来——替你的“上”打水端茶做些“杂事”，帮助他们做一些小事。通过这种沟通，才能加快与同事领导的融洽程度，使他们甘心当你的“上”从而传授给你知识，这是年轻人尽快能得到同事认可融入社会，并缩短与同事差距的重要途径。

2. 能培养“发现需求”的眼睛

为什么要端茶送水？除了尊敬对方外，还因为发现对方有这种需求。开会时一般主管坐在会议桌前，椅子连着椅子，不方便进进出出，而坐在会议桌外围的年轻人，能很自如地在饮水机前接水送水，帮助别人。这是一种“不以自我为中心”的思维方式，是做事“从他人需求出发”的一种能力。更为重要的是，这种做事心态一旦确定，就会形成其特定的勤奋、主动型做事方式。

3. 良好习惯出能力

常言道“天道酬勤”，年轻人通过主动地发现“杂事”做“杂事”，练就了一双善于发现“需求”的眼睛，勤人找活做懒人躲做活，这一勤一懒，日积月累，量变发生质变。勤快的年轻人慢慢地由“杂事”渐入“主事”，从“小事”渐入“大事”，由“生手”变成“熟手”，由初入社会的好奇好动变成在社会“如鱼得水”。有了勤奋做事的心态，有了从最基层做起的功底，有了对各项工作流程的了如指掌，他会很容易脱颖而出，成为同龄人中的佼佼者。

我们周围有一些人，在任何团体活动和日常劳动中都见不到他的身影，他们总认为，在团体的劳动中没有付出辛苦是沾了光得了便宜，殊不知机会就在这种偷懒中一点点消失殆尽。其实想想，这种懒惰为自己的成长带来什么好处？难道只是觉得因为少干了活而庆幸吗？谁最后为这种懒惰买单？是自己！这也是为什么曾经是同一班级的同学在多年后，有的飞黄腾达，有的穷困潦倒，其中最大的原因即在此。

附录一

对话大学生

从“非人”到“人”是每个人的社会洗礼

引起“重视”才能得到“重用”

人生不长进就是对不起父母

成功没有标准，人生各自精彩

从“非人”到“人”是每个人的社会洗礼

按以往的经验，有的朋友一看到“非人”这个词就要开骂，我先声明我也曾经经历过由“非人”到“人”的艰苦过程，正是有了这个过程，才能在人生道路上有进步有收获，才有了今天的一切。

刚步入社会的大学生，你们的人生开始进入了一个新的结点，可你们为自己今后的生活、工作做好准备了吗？进行社会洗礼了吗？

2000 年以后，皇明每年都要引进数百名大学生，想来就数 2003 年那届学生让我最失望。2003 年我们一共招了 509 名应届大学生，他们报到的第二天，我就迫不及待地跟他们见了面，生怕冷落了他们，基本上一个星期跟他们沟通一次。人力资源部像保姆一样对他们进行呵护，天天晚上沟通疏导，生怕他们心里不舒服、不高兴，会自己离职。后来我渐渐地发觉有些问题，他们心理越来越脆弱，本来是从温室里走出来的又到了一个新的大温室，可市场经济本来就是暴风骤雨，他们必须上市场，必须到“战场”上去厮杀锻炼。记得送他们上生产、营销、研发一线时，我讲道：“但愿不是送炮灰上前线”，果不出其然，前后“牺牲”了300名学生。不知大家算过这笔账没有，机会成本对于一个企业来说就不用多讲，单是直接的损失，连工资带培训费用几百万没了。最重要的是让整个集团对新进学生、新鲜血液，对自己培养自己的子弟兵、生力军，对我们这个太阳能行业、中国太阳能乃至世界太阳能行业唯一的一个“黄埔军校”丧失了信心。第二年，我一怒之下要求人力资源在招聘时给每一个应聘的同学说明：“到了公司要实习一年，要到车间干苦力，到市场站直销”。对人力资源要求“这点严格把关，一定做到宁缺毋滥”。我原以为招不到几个人呢，还好来了230多个，然后我故意不见他们的面，最后经不住人力资源的要求，到了他们报到的7天以后才见面，见面也没有热情欢迎而是当头一棒，讲话的题目是“人”，大意是这样：我们在母亲肚里刚刚孕育时，只是一个小胚胎，经过十月怀胎，我们的形状的变化像经历了几十万年的人类进化，然后出生成为一个生理意义上的人形，但我们还不是社会意义上的人，因为根据达尔文和马克思的理论，劳动创造了人，我们没有经过劳动，即便是到了大学毕业，我们经历的劳动还很少，还是需要转化的，还不是真正意义上的“人”。我之所以这么讲，是因为从我自身的经历中，体会到了劳动改造人的真谛。在我上中学的时候，每年暑假都被父亲送到建筑工地做小工，30 天的假期我得干 28 天半，每天 1.25 元。当时我极其不理解父亲的行为，家里并不少那个钱，为什么让我去干那种又苦又累的活，但实际上这种苦却培养了我的坚韧性格。上大学前我当了两年半的工人，大学毕业后，我在研究所里实习一年，后在研究所里做实验，到现场去测绘、调研，加起来七八年中也有两三年的体力劳动时间。我只要是从井场出差回来，在火车上没人愿意和我坐在一起，因为身上全是油洗不干净，多少次都是这样。我 30 岁之后爱上太阳能，从 1987 年开始自己搞太阳能研究，一边在单位搞研究工作，一边研发太阳能，自己一人承担多种角色：车、铣、刨、磨、焊、钳工……各种工序都做过，生产、推销、安装样样在行，我自己安装的太阳能热水器加起来有 400 多台，亲自推销 1 000 多台，没跟家人一起过过年，大年三十晚上人家鞭炮都放完休息了，我才回家。这些年来，我的累计体力劳动时间，按每周 6 天每天 8 小时计算，已超过 10 年，我就是一个活生生的被劳动改造的例子。后来在招聘的时候，我把话讲在明处，有家产超过 100 万的请举手，如果有，请你离开，我们是平民的公司，我们是平民的团队，我们靠自己的双手，我们一切的所得，都要靠自己的努力，如果不是通过自己努力而得到财富那我们觉得是耻辱，不要希望任何的好运会降临你的身上。如果没有考验、磨难、历练、苦难、折磨，就不可能造就今天的我，就不可能造就今天的皇明集团。吃苦已成为皇明的一种文化，它就是耐劳的文化，就是一种能承受寂寞的文化，就是一种有付出有回报，想回报必须付出的文化。第二次世界大战后德国、日本经济崛起也是得益于这种吃苦耐劳、付出必有回报的文化，我坚信将来中国企业的崛起、皇明走向国际化也要依靠这种精神和文化。所以我说劳动和人之间有两个重要关系，首先是促成生理上的发育，完成从动物向人的转变。很多学生可能没有劳动过，没有这种感受，有些人参加一些科技制作还有一些感悟。劳动需要眼鼻喉、神经系统、运动系统、感官系统全部调动起来，跟自然、跟自己的劳动对象产生一种关系，这种关系就是在锻炼自己的生理神经系统。其次是对人类心理上的影响。现在的学生少的就是劳动课，需要加强劳动锻炼的意识，公司拿出这么大的时间、精力和财物来为学生补课，是需要花费非常大的成本的。而且随着企业自动化现代化程度不断加深，这样的锻炼机会会越来越少。现在的学生将来若要成为公司的栋梁，必须理论联系实践才能真正地称得上可用的人才。比如设备情况、管理理念、产品种类、产品性能，你不到生产一线你怎么熟悉？在大学里读了四年书只是打一个很浅的基础，光纸上谈兵在真正的市场中是没有用的，不与部件、零件打交道，不了解工艺流程，就不可能在将来公司重用你时运筹帷幄。并且这也是一个双向考核的过程，能从劳动中检验你是否能吃苦耐劳，是否有团队精神，是否耐得住寂寞，是否真正地爱这个专业这个行业，能从实践中检验出自己的人生方向。我们现在的学生绝大多数不像欧美的学生一样勤工俭学，进行社会实践。欧美学生一个大学本科 4 年，可能会念上 5 年、6 年，他们经常利用业余时间打工，靠自食其力完成学业。而中国大学生无论是农村来的还是城市来的，或者说是农民出身还是工人出身，很少有人正规劳动过。他们没有劳动过很大部分原因不能怪他们，不是他们不想劳动，是社会没给他们机会，是家长没让他们学会劳动。在家长心中孩子上大学是第一位，劳动是家长的责任，甚至送孩子上大学也前呼后拥，学生们手足无措，只能在那傻傻地瞪着眼，不知道该干什么。没有劳动，没有跟社会沟通过的他们实际上就完全没有实现自我的提升和转变。现在这种情况可能越演越烈，越来越多的独生子女，越来越大的考试压力，这种恶性循环使学生永远不能社会化，不能真正自理、自立，更别说工作和生活了。

这样讲完，才有了 2004 年学生的劳动。那时他们正好赶上一个小旺季，这让他们既非常幸运也非常“倒霉”，他们很辛苦。四个月后，人力资源的人来找我说：“不得了，人都要跑了。”我说：“跑了多少，100 个、200 个?”

人力资源说："没有，30 多个。""30 多个，"我说，"那你们着什么急，才 30 多个，这么劳累，要是 2003 年的学生 509 个能跑 508 个。"在人力资源部门的努力下，我又不情愿地去见了他们（不是因 2003 年学生而生气，而是有意给他们一个经受历练和考验的机会），谁知我一只脚刚踏上讲台，就有人举手问："黄总，我们是不是已经变成'人'了。"我笑着回答："只能算是半个人。"为什么 2004 年的学生那么劳累，自己辞职的反而更少？这中间有差别，两届学生并没有太多的差别，而是我们给他们制造了差别。第一个心理上的预期差别。招聘的时候就已经给他们讲了，他们有了精神准备，不是 4 个月，是一年的实习期。当然他们没有想到这么劳累、这么辛苦、这么紧张、这么枯燥，这是他们没有想到的；后来我的"人"理论，又将他们的期望值降了一点，所以心理上平和了许多。人力资源的人说："黄总，不管怎样你都得跟他们见个面、沟通一次了。"4 个月不见一面，我要做一次合格的父母，做一次他们父母亲从来没有做过的事情。我对他们讲：在这个社会，未来你们的生活注定是艰苦，竞争注定是激烈，淘汰注定是残酷，希望你们能够经受得住生活的考验，在今后漫长的人生道路上一路走好。结果怎么样呢？2004 年的学生自动流失率很小，目前经过淘汰留下的学生，在各自的工作岗位上工作认真、踏实，少了现在很多年轻人的浮躁，多数学生已经被列入公司的储备干部，不少优秀的学生已经独立负责一个部门成为公司的骨干。同时他们给后两年招聘的学生做了一个榜样，虽然2004届毕业生比2003届的人数少招了一半以上，但留下的比例要高出许多，并且提升和提薪的人数也多出不少，到现在2004届许多人的薪资有很多高于2003届毕业的学生，可以说2004届学生的培养较为成功。“新毕业大学生还不是真正意义上的‘人’”，这话确实很不客气，但是是对毕业生没有吃苦耐劳、付出回报精神的无奈形容，目的是刺激他们明白真正要成才必须经受磨炼。相信很多大企业，尤其大批量招聘新毕业学生的企业都有同感：没有经过劳动的学生都很浮躁，对于工作的概念是钱而不是劳动，正常工作一天可能在他们眼里就是艰辛。这些都不是他们的错，是社会和作为父母的我们的错，他们对工作，对艰辛没有概念，对于钱敏感都是社会给他们灌输的。如果以前错了，从工作的第一天开始，要重新培训，重新锻炼，让他们对工作有一个新的认知。进入皇明的新毕业大学生，无论应聘什么岗位，都不要期望能够逃脱一“劫”，都必须要下车间劳动，上市场接受磨炼。没有经过劳动改造的学生在皇明是没有“前途”的，相信在其他企业同样也是没有发展机会的。老老实实地接受锻炼，踏踏实实地劳动，将你们的浮躁和期望压到水平线上，从一个全新的起点开始崭新的生活。

引起“重视”才能得到“重用”

有一位员工给我留帖子：“想代表今年的大专生问一句：我们为什么不受重视？包括岗位、住宿、待遇……我们心情沉痛。”

他的想法在很大程度上代表着一部分学生的心声，这些心声是非常真实的，但现在我实话告诉你们：“你们当前肯定不会被‘重视’，因为你们想要的不是重视，而是重用。”

凭什么“重视”你们呀？相比在公司里工作过几年的老员工（无论是劳苦功高还是那些没有功劳也有苦劳的），我肯定更重视他们。如果我喜新厌旧，我就是陈世美老板，这是不行的。你们要受“重视”的愿望是好的，但怎么样重视你们？让你们当厂长当车间主任？……这种拔苗助长的“重视”才是给你们上绊子做圈子让你们都陷进去呢。要不我们先试试，让你当厂长，当车间主任或者班组长，你们当得了吗？人家服你吗？你凭什么当领导，就因为你比他们多读了几年书，就因为你们的大学生的身份，还是因为你在技术上、在工艺上、在管理上比其他员工更有一技之长？不是吓唬你们，刚上任几天肯定就会被工人们轰下来。

待遇？岗位？住宿？皇明创业时，有什么岗位？怎样的待遇？住什么呢？当时你们老板干累了就睡在西厢房的茅屋里，那时，我多大了？三十几岁了。什么身份？高级工程师。我这样的待遇怎么样，是好还是差？所以我们人力资源部门还是要宣传我们创业的这种精神，创业的这种经历。事实上，大家当前的条件，在大企业里不算上等也算中等了，要想改善还得靠大家，今后要住更好的房子更需要大家的上进。

有人说皇明是一个土公司，惠普当初“起家”的车库也很土。土没有关系，关键是我们的志向是先进的，引领潮流的。皇明是从租来的厂房起步的，那是德州罗庄村的一家农家小院，7 间土砖房是正房，两边全是土坯房。我记得有一天被盗了，盗贼怎么进去的呢？窗户和门都没问题，然后看看屋顶上面，原来盗贼在茅草屋顶上挖了洞从上面下来，偷了一些金属块去卖废铜铁。后来我们又租了一个废弃的看守所，那时看守所全是“鸽子笼”，“鸽子笼”有普通房间的1/3大，当时我们的工人都在一堆“鸽子笼”里干活。那些年老板员工都是这么过来的，你们现在干一年的体力劳动（实际连半年都不到）就受不了了？

以我本人为例，从1987年开始自己投身于太阳能事业之后，一天中8个小时在研究所工作，8个小时在“地下”干体力活研发太阳能，连续几年没跟家人一起过过年，等人家年三十放完鞭炮了才想起回家。大家想想这是什么待遇？这是什么住宿？这叫什么岗位呀？

当然现在的待遇环境条件要比过去好多了，我们也不会因为要发扬过去艰苦奋斗的创业精神而刻意让大家退到那个年代去，正因为我们的条件今非昔比了，我才不断提醒大家不要忘本。

说到“重视”，公司实际上是非常重视你们的，每年大学生的军训、培训、实习、定级、生活安排、工作分配、职业生涯咨询等等工作都是公司这一时期工作的重中之重，你们知道公司有多少人围着你们转？你们是公司未来的骨干预备队，是黄埔军校的正式科班生，是“黄校长”的嫡系学生，但你们所要求的实际上的“重用”，在没有经验，没有功绩，没有足够的职业素养的前提下，谈重用还为时过早，请你们在真正成长立功前不要太把自己当回事，这时候如果领导太“重视”即重用你们，凭空拔高你们，让你们轻飘起来，不知姓什么了，成无根浮萍了，这才是害你们呢。所以在此提醒大家，工作踏踏实实一步一步地来，不要太急于求成，只有这样你们才会被真正“重视”，企业才敢实实在在地重用你们。

人生不长进就是对不起父母

我记得前几年给公司的基层员工上课的时候问大家：你们一天看几个小时的书？一天读 4 个小时的举手？3 个小时的举手？2 个小时的举手？1 个小时是真正学习的举手也行。

举手者寥寥无几……

这几问之后我非常生气，当时拍了桌子。我说你们这些不孝不忠不义的家伙们，放你们三天假，回家去看看，看看你们的父母是怎样面朝黄土背朝天，一个汗珠摔八瓣的？怎么辛苦把你们抚养成人的？对你们寄予了怎样的期望？你们现在还这么不孝，还这么不长进。

我真心劝大家有机会回去，真正作为一个旁观者看看。过去你看不出来，感觉不到母亲给你做饭，给你倒水，她给你叠被子，她给你洗衣服，她送你上学，替你做一切本应该你自己做的事情……这一切你看上去似乎都很正常。你再回去看看他们吃什么，用什么，做什么，想什么……真正用一个亲人的眼光去关心他们，去看看他们，想想他们为你们所做的一切，听听他们对你们那点可怜的要求。大家不要再浪费青春了，我不是非逼着大家去学习，实际上我在《皇明商道》中有一段写了《学习是人的一种本能》，如果人没有学习的心，没有进取的心，没有好奇的心，那么跟“畜生”有什么两样？这种人肯定有心理缺陷或疾病，而且这种病在我们这一两代人当中是很严重的。我们这一代那些在“文化大革命”期间上不起学，根本抬不起头来的人，他们能够知足常乐，他们能够不抱怨，不怨恨，他们还能有激情地、还能积极地面对人生，还能为社会作贡献，还能为国家踏踏实实地服务。现在的年青一代比他们幸福多了，但为什么还有那么多的抱怨？还有那么多的不满足？

你们不满足，但你们想要什么，你们的要求谁给你们呢？你们是成年人了，只能自己去换取，谁都帮不了你们。你们叫别人重视，想得到他人的认可，首先自己得重视自己。北京有句老话，叫“咱自个儿成全咱自个儿”，除了自己没有人成全你。年轻人爱攀比，专科比本科，本科再比较硕士……没完没了。不能这么比，要自己跟自己比。今天与昨天比，今年与去年比，进步了多少？成长了多少？

如果被别人抛弃了，被团队忽视了，受点苦遭点罪，那怎么想啊？那是你的幸运，是上天在考验你——能在大家不重视的情况下，在没有机会的情况下，还能踏踏实实、任劳任怨地干，这样的人早晚会被发现，到哪里都会出人头地。别人受不了的困难你能受得了，别人受不了的罪你能扛得住，这是什么？这是贵人，这是精神贵族，这才是真正的人才。

成功没有标准，人生各自精彩

提到成功，人们想到的是财富、名誉、地位……青年学生对于成功的渴望更甚，而且定的目标很高，希望成名成家成事业，光宗耀祖出人头地。因此有的人把成功看得“遥不可及”，但成功真如学生们想象的那样吗？我到华宇学院演讲时，与学生进行了关于“成功”的交流，也许可以给大家一些启示。

学生：创业过程中遇到过挫折吗？怎么面对？

黄鸣：创业过程中肯定会遇到挫折，而且做的越大挫折越大。面对挫折时我怎么办？认命！当我摔了一个跟头的时候，我想本来是该摔两个跟头的，真幸运！当我踢球碰到眼睛的时候，我想我脑袋没摔着，真幸运！从来不去抱怨。你不认为碰到的事是倒霉的事它就不是个事！如果你认为碰到的是倒霉事，你认为你经受的是挫折的话，你以后遇到的倒霉事、经受的挫折还会更多。

挫折对于年轻人而言是财富。我们经历的挫折不是太多，而是太少。人遇到的最大的灾难莫过于天塌下来，中国有句老话，天塌下来有大个子顶着，反过来大个子接不住，谁都接不住了，那么全人类都倒霉了，你也不算最倒霉的。大家想想，比起那些残疾人，那些非洲难民，那些在黑砖窑里被卖的童工，你现在能坐到学堂里学习，不知道要幸运多少倍？读读战争时期的难民营生活，你受过那些苦吗？相比之下，你们现在哪有那么多挫折啊？哪有什么难以承受的灾难？改变一种心态，把挫折当成财富，那么什么挫折能压倒你？

学生：当你遇到挫折麻烦时，你首先想到的是什么？

黄鸣：首先想到的是我妈妈。我妈妈在她三十几岁的时候，我爸爸就瘫痪了，在她四十几岁的时候，我奶奶病重，她一个人照顾两个病人，还有两个未成年的孩子，还要给我叔叔家寄钱，一个普通的妇女她有多大的力量？今天我来得稍微晚了一会儿，就是因为陪她吃饭，刚才看着她那永远的笑脸，我就想母亲身上承载着全人类，承载着中国女性最伟大的品德和人格。其实你们所有人的母亲都是这样的，她们都经历了你们想象不到的挫折和苦难，她们都挺过来了，她们都非常不简单，所以遇到困难的时候，想想家中胸怀豁达、不畏困难、执著追求的妈妈们，就没有什么不能克服的了。

学生：一个人想成功应准备什么样的条件？你有哪些动力？

黄鸣：如果我算是成功，之所以成功的原因，就是我不怎么想着成功，不天天想成功。我想的是：我怎么把每天该做的事情做好。

实际上每个人都有梦想，都想着好一点强一点。我小时候梦想当科学家，当教授，当制造飞机的工程师，但是梦想仅仅是梦想，不会成为撕心裂肺、百爪挠心的压力。“我要发财，我要出名，我要这个我要那个”，欲望越高越倒霉，越经不起打击。梦想只是梦想，梦想实现是好事，没有实现也是生活的一个点缀。我追求当科学家当教授之梦想，到了40岁也没有当成科学家，这样我是不是得天天愁眉苦脸呀？从来没有过！我还是继续做我应该做的事情，把今天的事情做好，比昨天强一点，该出力的出力，一份付出一份回报。想清楚了这一点，突然有一天，我发现自己实现了自己的梦想，本来已经放弃了的那个梦想，结果经过积累实现了：我是多家大学的客座教授，常被邀请讲课。我想当科学家没当成，却成了科学家的领导，组织他们进行项目课题的研发……只要你心态平衡，你就永远在梦想的路上，但如果你经常在抱怨，就会失去求知欲和上进心，结果什么也干不成。

我有一个理论，人之初，性本上。没有一个人不想上进，人一旦不想上进了，是因为他气馁了，是因为他被挫折打败了。

学生：你在没有成功之前，是否想到过有什么大的成就？

黄鸣：什么时候我没成功过？我在上小学的时候，我做完老师布置的作业算成功；我当儿子，爸爸让我干什么我都做得很好；我在学徒的时候，3 个月之后我就带徒弟了……我怎么不成功啊？

什么叫成功？假如你用社会的标准来定自己的标准，你就成了别人的奴隶。其实只有你当主任当得成功，你才能当厂长当得成功，当厂长当得成功你才当总经理当得成功。没有小成功的积累，何来大成功的降临？前面的那些都不成功，后面的成功是挂在天上的月亮。

学生：你有什么梦想吗？怎么对待梦想？

黄鸣：我曾经有过梦想，当科学家，当文学家，想出国……

人都会做梦，至于成不成那无所谓，没有一个人所有的梦想都能成真，但是要保留着这种有梦想有追求的秉性。一个梦想破灭了，他还会有新的梦想诞生，这一生当中永远有梦想，并且在追求梦想的过程中不断付出努力。

做科学家的梦，我努力学习数理化，认真地做实验；做教授的梦，我就开始练“嘴皮子”，试着把自己的想法准确到位地表达出去，希望对他人有实用价值；梦想出国，我就开始学英语。追梦的过程是很美丽的，但是一个人不要对自己的梦太“认真”，非要达成什么样的目标不可，达不成也没什么，我在追寻的过程中积累了经历了：我的外语水平提高了，我的数理化好了，我读了很多名著，你能说学识基础不是你美丽人生中的心理路程吗？如果一生中有梦、追梦，或者弃梦，那么一生将是充实的、丰富的、绚丽的。

学生：人最主要的品质是什么？成功最重要的品质是什么？

黄鸣：又是成功，又是最重要的，干吗要那么多成功呢？你开心地过好每一天，天天踏踏实实的，是多么充实、多么有品质的事情！品质是什么？它是一种感觉，一种充实的、有意义的感觉。如果整天失落、抱怨、后悔，那么将错过昨天，晃过今天，还有什么明天？你扎扎实实地过好每一天就是成功。

学生：你是如何理解“宁做鸡头不做凤尾”的？

黄鸣：我认为一个人当不了尾巴就当不了头。有这样一句话“一屋不扫何以扫天下”，大家根本就不要讨论这个简单的问题。每个人一开始都是当尾巴的，你是小弟弟小妹妹的时候，你在你哥你姐的身后当尾巴；在学校当学生的时候你在老师后面当尾巴；你进厂当学徒的时候，你是你师傅的尾巴。等你终于爬到头当了领导的时候，你是当好了尾巴才有了当好头的能力。道理很简单，所以说我们现在很多人，世上复杂的道理他们都懂，但最简单的问题现在还要探讨。

学生：要想成功，怎么做人，做好人容易吗？

黄鸣：做好人容易，做老好人难！我们经常想做老好人，谁也不想得罪，但最后谁都得罪了，在单位上经常碰到这样的人，谁也不想得罪结果得罪了最多人，到死他都不明白这是为什么？

当好人的时候，该出手时就得出手，该说句公道话的时候就要说句公道话。说公道话的时候，好人认为你好，坏人不认为你坏。实际上，坏人他也有是非评判标准，坏人他也想当好人，正因为坏人他坏，所以在遇到事情时他更敏感，他比好人都明白。你是否当了好人他心里非常清楚，虽然有时候坏人他恨你坏了他的事，但实际上从心里他是敬你的。一句话，要想成功就做自然人。

学生：请问你下一个目标是什么？

黄鸣：活着！好好活着！

附录二

职业当选兴趣与特长所在

职业当选兴趣与特长所在。我们可以有很多的兴趣，每个人可以数数，从孩提时代到现在，有多少个人爱好和兴趣的转变。就拿我来说，从小爱科学，从小看《我们爱科学》杂志，看星星、宇宙，做物理化学实验，从小就能解鸡兔同笼的方程题。后来长大了，喜欢到农村干活去，比如捕鸟、掰棒子、烧棒子等等，但更多的是干活。找很多的小伙伴玩，有一次还拿自己一根皮带跟小伙伴们换了许多比较奇特的水果。再后来，又有兴趣学工、做无线电，之后音乐、美术、文学等好多好多爱好一直在变，后来变成太阳能，最大的一个 Happy 。前面都是兴趣爱好，到最后才终于定了下来。我的意思不是说这些兴趣最后转成一个，它们中有些兴趣会变成一个人的职业，有些不会，比如音乐。音乐方面，在学校里在单位上，我一直是个滥竽充数的家伙，最后一名就是我。幸好我拉的是手风琴，没有音准只有节拍问题，要是拉大提琴、第一小提琴，肯定被老师第一个踢出来的就是我。我滥竽充数混了几年，现在全还给老师了。当时是那么狂热，记得练指法的时候，即使是上班、上夜班，坐着等机器停的时候，手也在那儿弄，冬天戴着手套，就在车把上练，不知破了多少手套。可惜我就是没有音乐细胞，没有天赋，所以我就转兴趣。这种转兴趣绝对是聪明的，要不然，如果坚持学音乐，一辈子充其量也就是一个市乐队的三流乐手。调转兴趣并不是一件坏事，见异思迁也不是一件坏事。其实我所有的这些兴趣中，有一个从小到大一直都没有变，那就是求知欲，对知识的渴望，对人间美好艺术的向往没有变，永远不会变！

把一种兴趣变成自己职业的时候，实际上对艺术对知识的渴求、敬仰总的来讲还是没有变。成人之后，变成了对自然、对社会、对民族、对人类的爱。很多人说我做什么事情老是三分钟热度，三分钟热度不要紧，这时候肯定比没有三分钟热度强。你的爱好如果能和你的职业结合起来，那么你是最幸运的人。有很多的音乐家、美术家，他的创作就是他的爱好，他的努力、劳作就是他的享受。如果大家还能选职业、选岗位，一定要选一个一辈子的兴趣所在，同时也是特长所在。

学习一定要多方面涉猎

学习一定要多方面涉猎，专业学习也要涉及与岗位相关的所有门类。现在很多的工作岗位肯定不是简单的一门学问，一种技能。随着市场竞争的加剧，学术领域的拓宽和深入，没有传统意义上的哪一个学科能够成为每一个人的职业，没有人能够凭借单一的学科获得真正的成功。现在很多的学术领域，像生物化学、生物物理学等等都是很多学科的综合。在职业上既懂外语又懂计算机、技术、策划、艺术的人非常难得，非常可贵，这样的人的成就就非常之大。尤其是横跨工科、文科、理科的人才，比如说读学士学位时他是工科，读硕士他是理科；工科学士时他学的是机械，理科硕士时学的是数学，然后是双学位，再加上MBA、工商管理博士，同时他的计算机、外语甚至包括文学造诣也很深，这样的人没有不成功的，所以学习一定要多方面涉猎。

所谓专业学习，应该是跟你的工作岗位有关的所有学术门类，当然还包括动手能力、解决问题的能力，死读书也不行。读书读到四五十岁，百折不挠，做学问做这么多年的人，为什么能有这么高的学术成就和学术地位？因为他具有相当的实际工作能力，在学术之外他们肯定经历了大量的社会实践活动。延伸到我们的工作岗位上，什么是你的专业？就是跟你的工作岗位有关的所有的学术门类，比如一个销售工程师，你既要懂营销，又要懂技术；既要懂社会学、客户心理学，又要懂美学等等，这样才是真正好的营销大师。

爱好、事业源自生命之爱

爱好、事业源自生命之爱 。“要做就做第一，付出总有回报”，我们有个大区经理在培训安徽经销商的时候，就放了这首歌，我觉得他这样的培训很有意义，每次会议都放一首歌，用歌词鼓励大家，让大家留下很深的印象。长久的求知欲、进取欲贯穿于很多爱好之中，最后确定为一种事业，这样的生活道路在现实生活中我们能找到很多，因为有了求知欲和进取欲的激励，他们通常能确保成功，并且能在不同的情况下激励自己。激励是用什么来支持的呢？我认为是对生活的热爱、对生命的热爱。知道一生不容易，不能浑浑噩噩过一生，所以要学习。从小时候的好奇心到成人后的理智的求知欲，到最后活到老学到老的精神境界，从价值观的统一性来讲，这是人生长久的、时间空间上非常统一的、非常典型的一种过程。

得意不忘形、失意不消沉、枯燥不麻木、执著不偏颇。我们每个人都有不同的情绪阶段，每天每时每刻都有很多的不良情绪，比如急躁、烦恼、悲观、对立、消沉、封闭、畏惧、怯懦……这些东西会贯穿一生。要管理自我，有自制力、意志力，除了一个系统的追求之外，还要学会通过自我安慰、调整，来摆脱、消除这些不良的情绪。大家知道这些情绪化的东西，有很大的坏处。在得意的时候容易忘形，容易趾高气扬；在失意的时候，容易消沉，容易一蹶不振；在重复同一件枯燥的事情的时候，容易麻木、麻痹、冷漠，所以我们要学会自我安慰，学会用爱做生命的底色，才能绘制出丰富而又多彩的人生。

附录三

中国社会教育变异及其回归途径

弗洛伊德的心理学中讲到了人在孩提时代的经历，对性格的形成是具有决定意义的。我们把人从小受到的教育划分为四个类型。

第一种是反社会型。如有的父母教育孩子时说：小子，他打咱一拳，咱就打他 10 拳，他拿咱橡皮，咱就拿他书包，这绝对是反社会的攻击性的。

第二种是冷漠型。他不占人家便宜但也绝对不吃亏，实际在某种程度上不占人家便宜是幌子，不吃亏是实质。

我把这两种归为愚昧加自私加心理褊狭加心理阴暗，第二种是比较轻一点的，属于没意识的自私，他确确实实奉行了我不沾额外的光的原则，但他也奉行了绝不吃亏的原则，所以他在以后的工作当中总感觉自己吃亏总不平衡，这总要影响到自己的心理状态和行为。

第三种是善良宽容型。他属于善良的心地加开朗的性格，崇尚一种宽容。这样的教育使人从小就知道知恩图报，知恩必报，同时也讲孝道。

应该说比较轻的冷漠型加上善良宽容型，占我们北方地区的教育主流，这两种互相结合互相渗透的为多。

第四种是商人智慧型。他从小受教育要吃小亏占大便宜，要成名成家，要通过自己的努力刻苦奋斗得到回报，做上等人，做人上人。这点在我国南方地区、在经济比较发达的国家、受外国教育影响的地方，比较常见。

当然在我们中国，文化是相通的，第二种、第三种、第四种混合型的教育也有，这种情况整体来说不算太多，它是一种自私加智慧的概念，自私加智慧最起码是中性的。

以上这几种情况实际上就是我们中国社会教育的现状。面对市场经济的发展、国家的发展以及参与的国际竞争，在这种教育环境下如何进行市场经济环境下价值观的启蒙呢?

第一种反社会型和第二种冷漠型是自私的。对于人类而言，自觉地、不倦地、理智地追求美好的、舒适的、高品位的生活，是我们人类前进的强大动力，这种利己、自私的人类天性无疑是一种动力。但是，就是因为人是社会中的人，所以必须有社会性，必须考虑到对别人宽容，必须有善良的一面，必须容忍，必须付出，而且聪明的人付出的肯定要比他得到的多。当他认清这种形势的时候，他的人生观应该说已经奠定了我们人类社会发展前进的基础，所以才能够从古至今发展到今天的文明，才有进步，尽管这个进步较慢，但我们人类社会还是这样一步一步地走进了新时代。所以我们现在要解决的人生观、价值观的问题，并不是彻底否定现在大家心目中的社会上存在的价值观，而是要理顺它，完善它，认清它。刚才讲到付出回报的时候，实际上都用了第三种、第四种，就是善良宽容型加智慧型，所以我觉得我们大家应该梳理一下，把反社会型和冷漠型当中弊端的部分、对社会发展不利的部分消除掉。因为自私是可以承认的，因之可以转化成宽容：认识到只有宽容别人才能被别人宽容，只有容纳别人才能被别人容纳，同时他只有追求付出才能有回报，只有付出多才能达到自己需求的回报。这个时候，很多人的冷漠就会转变，自私就会转变。

消极类型的性格可以分为两种。一种是根深蒂固的，弗洛伊德理论认为孩提时代形成的性格是不太容易转变的，它已经形成一种反射了，但并不是说不能转变，得要下深功夫；另一种是病态，那种阴暗的、褊狭的心理本身不是教育出来的而是一种疾病，一种心理疾病。这个时候社会团体中的其他人应该怎样对待他呢？很简单，就像医生对待病人一样去治疗他。医生怎么对待病人呢？他绝对不会嫌病人脏，嫌病人不好治，他会同情病人帮助病人。前面讲到的变异问题实际上是属于反社会型和冷漠型的，他们从个人角度讲已经形成了一种变异。其实如果做一个没有思维的生物，那么它本身是善良宽容的，大家看到猴群里不但有师徒之情，还有兄弟嬉闹，它们也有竞争，但是那种为了生殖、繁衍最激烈的竞争往往都是没有伤害的，很少有流血的，只不过是威胁性的、示威性的罢了，是遵循自然规律的，它也只是为了种群的利益、为了自己得到物质和精神上更多的回报，这种行为也是我们善良型和智慧型的人特有的。

回归途径

那么怎样回归到我们人类应该得到的那种环境中去呢？

第一个，用现代化的法制；第二个，依靠市场机制；第三个，进行先进社会文化的启蒙。大家知道中国乃至世界都有一种复仇文化，我把它归于非主流文化，是当作一项糟粕来对待的。其实在古巴比伦的《汉谟拉比法典》当中有“An eye for an eye, and a tooth for a tooth”——“以眼还眼，以牙还牙”的理念，这种复仇式的理念已经在法典当中非常明确地规定下来了，在当时来讲虽然是很残忍的，但是它有进步意义。就是上到国王、贵族，下到平民都是这样一种关系，当然他们之间还是有许多不平等的，但基本上是把大家都放到这样一个规则中了。斗转星移，日月如梭，幸运的是整个西方文化没有沿着这条路走下去，也就是说进化了——发展到现在的“无罪推定”、“沉默权”、“辩护权”等等非常文明非常人性的东西，而这样的文明与人性正是我们要回归的目标。

《驳复仇议》思想符合市场文明

唐朝时柳宗元在《驳复仇议》这篇文章中讲到武则大时代有一个叫徐元庆的，有人杀了他的父亲，然后他就把这个人杀了，杀了之后当时官府是怎么对他的呢？就是首先把他判死刑，这是符合法典的，但同时又“旌其闾”从精神上对他予以表彰，从道义上鼓励这样。那么柳宗元就驳这一点，他说这与法律和文化严重地背离，在当时我们一些有识之士已经认识到这个问题了。可是中国一直延续到近代甚至现代，这种复仇主义还是非常严重的。当然到了现代文明社会已经没有说你杀了我父亲我就要杀你父亲的情况了，这种现象在黑社会在莽汉当中是有的，但是我们在经济活动在社会生活中，这种报复的心理以另一种形式存在着，并且是非常严重的。这种陋习这种丑陋的文化是大摇大摆地堂而皇之地登上了大雅之堂，严重地影响了我们的市场规则、法制、文化、道德和企业理念等等。大家看我们的财经媒体中、经济评论中描述企业竞争中的挤压打杀等，血腥味是非常浓厚的，这就是一种变异。其实这是极其不符合市场经济原理的，报复是一种破坏，是毫无意义的，是对对立双方都不利的行为。好在市场经济规律正向我们微笑，我们也正在走向国际轨道，法制、文化等正在逐渐地剔除这种陋习。正是因为我们看到未来应该是这样的，所以我们不仅要与时俱进，而且要超时而进，要规范自己，去迎接、引导社会的发展方向。